Schreiben in Cafés

Natalie Goldberg

# Schreiben in Cafés

Aus dem Amerikanischen
von Kerstin Winter

Autorenhaus ■ Verlag

Bibliografische Information der Deutschen Bibliothek
Die Deutsche Bibliothek verzeichnet diese Publikation in der Deutschen Nationalbibliografie; detaillierte bibliografische Daten sind im Internet über http://dnb.ddb.de abrufbar.


Published by Arrangement with Shambhala Publications, Inc.
P.O.B. 308, Boston, MA. 02117
Titel der Originalausgabe: *Writing Down the Bones*
Unter *Der Weg des Schreibens* 1991 bei Knaur erschienen.

Cover-Design, Layout und Satz: Sigrid Pomaska
Titelfoto: Alan Danaher, The Image Bank

Erste Auflage der Neuausgabe
ISBN 3-932909-65-8


Karmeliterweg 116, 13465 Berlin


Umwelthinweis:
Dieses Buch wurde auf chlor- und säurefreiem Papier gedruckt.

Printed in Germany

# Inhalt

Für meine ehemaligen, gegenwärtigen und zukünftigen Schüler und für Kate Green und Barbara Schmitz.

*Auf dass wir uns alle im Himmelscafé treffen*
*und für die Ewigkeit schreiben.*

# Vorwort

Als ich vor einigen Jahren den Dachboden meiner Großmutter aufräumte, stieß ich zufällig auf einen gerahmten Spruch: »Tue deine Arbeit, so gut du kannst, und sei liebevoll.« Ich weiß noch, dass ich über das, was ich für eine reichlich seltsame Verbindung zweier Aspekte hielt, herzlich lachte. Doch inzwischen finde ich diese Nebeneinanderstellung derart logisch, dass ich nur staunen kann, wie mir der Sinn zuvor hatte entgehen können.

»Lasst alles zu einem Ganzen werden: Das Gedicht und den Menschen, der das Gedicht schreibt. Und lasst uns dieser Welt stets liebevoll begegnen«, sagt Natalie Goldberg in ihrem Kapitel »Mehr über Montage«, das dazu auffordert, die Person des Schriftstellers mit der Alltagsperson in Einklang zu bringen. Dieses Buch mit seinen klarsichtigen Beobachtungen, seinen erprobten praktischen Tipps, seiner vibrierenden Lebendigkeit und Aufrichtigkeit hat mich so berührt, dass ich hätte weinen mögen. So fühlt sich Schreiben an, wenn es gut ist. Natalie Goldberg hat sich der Herausforderung gestellt, uns Methoden an die Hand zu geben, die dieses gute Gefühl zu einem Dauerzustand machen können.

Als man mir ein Manuskriptexemplar von *Schreiben in Cafés* schickte und mich im Begleitbrief bat, das Vorwort zu verfassen, dachte ich zuerst: »Gott, nein, ich habe noch nie ein Vorwort geschrieben - ich habe keine Ahnung, wie man das macht.« Ich war mir sicher, dass es eine bestimmte Formel ($H_20$? NaCl?) für diese Aufgabe geben müsse, die ich aber leider nicht kannte. Ich las das Buch auf einem Flug nach Detroit, wo ich zur Beerdigung eines Familienmitgliedes erwartet wurde - die dritte innerhalb eines Jahres. Mein Onkel Jim war im Juni gestorben, meine Großmutter im November. Und dann starb mein Cousin Brad an einem Samstag im März - zufällig mein fünfzigster Geburtstag. Seit über einem Jahr schrieb ich an einem Roman, der entfernt auf der Geschichte meiner Familie basierte, aber in den vergangenen Wochen hatte mein Elan zu schwinden begonnen - ich schien nicht mehr ausdrücken zu können, was ich eigentlich hatte sagen wollen. Ich wusste, dass es nicht bloß eine Sammlung von Fakten und Familienanekdoten werden sollte; ich wollte zu der *Wahrheit*, die meine Familie ausmachte, vordringen. Aber wer kannte diese Wahrheit? Ich offenbar nicht. Und so steckte ich, unfähig, das Material in meinen Händen unter Kontrolle zu bekommen, in einer langweiligen und belastenden Geschichte fest, ohne dass ich wusste, wie es weitergehen sollte. All dies ging mir durch den Kopf, als ich begann, Natalie Goldbergs Buch zu lesen. Nach etwa zehn Seiten wusste ich, dass ich ein Vorwort schreiben konnte, nach sechsundzwanzig schrieb ich es. Um Seite Dreißig herum hatte ich zwei Blatt Papier (mehr hatte ich nicht mit ins Flugzeug genommen) vollgeschrieben und machte mir weitere Notizen auf der Rückseite des Briefes, den Natalie mir zusammen mit ihrem Buch geschickt hatte.

Das ist meiner Meinung nach die Essenz des Buches - das, was es am besten kann: die Menschen zu ermutigen, ihre Gedanken ernst zu nehmen, sie niederzuschreiben und sie auf jede Weise mit Sinn zu erfüllen. Es klingt so simpel, und ich weiß nicht, was daran so revolutionär sein kann - ich weiß nur, dass es das ist!

Ich hätte eine Anleitung wie diese nach der Veröffentlichung meines Romans *Eine ganz normale Familie* sehr gut gebrauchen können - es hätte mir eine Menge Kummer erspart! Noch Jahre später war ich überzeugt davon, dass ich keine echte Schriftstellerin, sondern nur eine Blenderin war - allerdings eine, die sich sehr, sehr glücklich schätzen durfte. Ich hatte einen Erstling geschrieben, der mit phänomenalem Erfolg verkauft wurde. Ich hatte einen geheimen Pfad und die Regeln des Schreibens entdeckt und war mit sehr viel Lob belohnt worden. Leider war mir praktisch nichts davon von Nutzen, als ich den nächsten Roman in Angriff nahm. Ich musste mich fürchterlich abmühen. Wie hatte ich alles, was den ersten Roman ausgemacht hatte, nur so schnell vergessen können? Ich plagte mich sechs lange Jahre, bis ich schließlich begriff, dass die Regeln, die bei *Eine ganz normale Familie* funktioniert hatten, auf die nächste Situation nicht mehr anwendbar waren. Es war also ganz natürlich und verständlich, dass ich Schwierigkeiten hatte: Ich schrieb einen ganz anderen Roman - ich beschritt einen neuen Weg!

Leider verliert man nur allzu schnell aus den Augen, dass ein Schriftsteller nicht schreibt, um anderen sein Wissen zu vermitteln, sondern um seine Welt zu begreifen. Die Bestätigung dieser Wahrheit ist überall in diesem Buch zu finden: Schreiben ist harte Arbeit und ein Balanceakt der Konzentration, die nicht dadurch erreicht wird, dass »die Welt ausgesperrt wird«, sondern indem man »ihr erlaubt, voll und ganz zu existieren«. Mit jedem Kapitel wird die Liste der Menschen, denen ich dieses Buch geben möchte, länger. Da ist zuerst mein Sohn John, der seit der vierten Klasse Amateur-Schriftsteller ist; dann meine Freundin, eine pensionierte Kinderärztin, die mit zweiundachtzig Jahren darüber schreibt, wie man als Frau Anfang des zwanzigsten Jahrhunderts das Medizinstudium erlebte; eine andere Freundin, eine freiberufliche Wirtschaftsjournalistin, die davon träumt, Belletristik zu verfassen; eine weitere Freundin, deren Briefe so klar und direkt klingen wie die allerschönste Prosa. »Jeder kann dieses Buch verwenden«, dachte ich immer wieder. »Und jeder braucht es!«

Und während ich dieses Vorwort schrieb, kam ich schließlich auch auf die Lösung für mein eigenes, gegenwärtiges Problem. In einem Kapitel mit der Überschrift »Die Kraft der Details« las ich, unsere Aufgabe sei es, »zu den wahren Dingen des Lebens, wie sie existieren, *Ja* zu sagen. Ein heiliges *Ja* zu dem, was wir sind und was uns umgibt.« In dem Kapitel »Schreiben auf dem Basar« sprang mich eine Zeile förmlich an: » Aber man sollte die Menschen niemals unterschätzen. Sie wollen durchaus den Stachel der Wahrheit spüren.« Und in diesem Moment begriff ich, worin mein Problem lag. Ich schrieb einen Roman über meine Familie und ich hatte etwas zu sagen. Aber die Sache entwickelte sich nicht so, wie ich sie geplant hatte. Ich steckte fest, aber nicht, weil ich den Stoff nicht im Griff hatte, sondern weil ich mich zu sehr bemühte, ihn zu kontrollieren. Ich wollte beweisen, wie gut ich war, noch bevor ich das Buch geschrieben hatte. Irgendwo auf dem Weg war aus dem »heiligen Ja« ein ängstliches »Nein, so war das doch gar nicht« geworden. Ich musste loslassen. So einfach war das. Sind Sie jemals so glücklich gewesen, dass Sie am liebsten Ihre Schuhe hoch über das Empire State Building geschleudert hätten? Nun, so hätte es mein Cousin Bud beschrieben. Und genauso fühlte ich mich.

Es wäre wunderbar effizient und praktisch für uns Schriftsteller, wenn wir unsere Lektionen nur einmal lernen müssten. Da dies aber selten der Fall ist, kann uns ein Exemplar von »Schreiben in Cafés« eine Menge Kummer ersparen. Es kann Ihnen sogar das Leben retten. Als wundervolle Dichterin und Schriftstellerin hat Natalie Goldberg eine neue Stimme gefunden. Ihr Buch ist ganz einfach die beste Hilfe und der beste Trost, die heute zu finden sind.

*Judith Guest*

# Einführung

In der Schule war ich total angepasst. Meine Lehrer sollten mich mögen. Ich lernte Zeichensetzung. Ich lernte Aufsätze zu schreiben, die in ihrer Klarheit und Eindeutigkeit langweilig und eintönig waren. Nirgends ein origineller Gedanke oder echtes Gefühl. Ich wollte den Lehrern geben, was sie meiner Meinung nach haben wollten.

Auf dem College verliebte ich mich in die Literatur. Ich vergötterte sie. Ich schrieb Gedichte von Gerald Manley Hopkins so oft ab, bis ich sie auswendig konnte. John Milton, Shelley, Keats las ich laut und träumte anschließend verzückt auf meinem schmalen Bett im Schlafsaal. In meiner College-Zeit in den späten Sechzigern las ich fast ausschließlich Werke männlicher - gewöhnlich bereits verstorbener - Schriftsteller aus England oder aus dem restlichen Europa. So gut wie nichts von dem, was sie schrieben, hatte etwas mit meinem Alltag zu tun, und obwohl ich sie liebte, fand ich niemanden unter ihnen, der meine eigenen Erfahrungen widerspiegelte. Ich muss unbewusst davon ausgegangen sein, Schreiben sei ohnehin nichts für mich. Es kam mir nie in den Sinn, selbst etwas zu verfassen, stattdessen malte ich mir heimlich aus, einen Dichter zu heiraten.

Nachdem ich meinen College-Abschluss in der Tasche hatte und feststellte, dass mich wohl niemand dafür bezahlen würde, Bücher zu lesen und über Poesie in Verzückung zu geraten, eröffneten drei Freunde und ich im Basement des Newman Centers in Ann Arbor, Michigan, ein Restaurant, wo wir Lunch-Gästen Biokost servierten. Es war Anfang der Siebziger, und ich hatte erst ein Jahr vor der Eröffnung meine erste Avocado probiert. Der Laden hieß »Naked Lunch« nach dem Roman von William Burroughs - »ein Augenblick der Erstarrung, in dem jeder sieht, was sich am Ende jeder Gabel befindet.« Am Morgen buk ich Muffins mit Rosinen oder mit Blaubeeren oder auch mit Erdnussbutter, falls mir danach war. Selbstverständlich hoffte ich, dass die Gäste sie mochten, aber ich wusste instinktiv, dass die Muffins gelangen, solange ich mich dem Backen ernsthaft genug widmete. Wir hatten das Restaurant aufgebaut. Es gab niemanden mehr, der uns für eine clevere Antwort eine Eins geben würde. Wir waren nun gefordert, unserem eigenen Urteil zu vertrauen.

An einem Dienstag bereitete ich Ratatouille für die Mittagsgäste zu. Wenn man dieses Gericht in einem Restaurant kocht, schneidet man nicht nur *eine* Zwiebel und *eine* Aubergine. Auf der Arbeitsfläche in der Küche türmten sich Zwiebeln, Auberginen, Zucchini, Tomaten und Knoblauch. Es dauerte mehrere Stunden, das Gemüse zu schneiden und zu hacken. Als ich am Abend nach Hause ging, hielt ich beim Centicore-Buchladen in der State Street an und wanderte durch die Gänge. Dabei fiel mir ein dünner Gedichtband mit dem Titel *Fruits and Vegetables* von Erica Jong in die Hände (Jong war damals noch eine Unbekannte; ihr Roman *Angst vorm Fliegen* war noch nicht veröffentlicht). Das erste Gedicht, das ich las, handelte von der Zubereitung einer Aubergine! Ich war vollkommen verblüfft - konnte man tatsächlich über so etwas schreiben? Über etwas derart Unspektakuläres? Etwas, das ich bereits selbst getan hatte? In meinem Kopf machte es plötzlich ‚Klick'. Ich ging nach Hause mit dem festen Entschluss, über Dinge zu schreiben, die ich kannte, meinen eigenen Gedanken und Gefühlen zu vertrauen und mich nicht um meine Außenwelt zu kümmern. Ich war nicht länger in der Schule: Ich konnte sagen, was ich wollte. Und ich würde damit beginnen, über meine Familie zu schreiben, denn bei diesem Thema konnte niemand behaupten, dass ich mich irrte. Schließlich kannte ich sie besser als jeder andere.

Dies alles geschah vor fünfzehn Jahren. Eine Freundin sagte mir einmal: »Vertrau auf die Liebe, und sie wird dich dorthin bringen, wo du hingehen musst.« Ich würde es folgendermaßen ändern: »Vertrau auf *das, was* du liebst, und es wird dich dorthin bringen, wo du hingehen musst.« Und machen Sie sich nicht allzu viele Gedanken über Sicherheit. Man erreicht ein tiefes Gefühl der Sicherheit, sobald man das in Angriff nimmt, was man tun möchte. Im Übrigen: In welchem Beruf empfindet man schon echte Sicherheit? Man kann sie sich nicht einmal mit einem stattlichen Gehalt erkaufen!

In den letzten elf Jahren habe ich überall Workshops abgehalten: an der Universität von New Mexico, in der Lama Foundation, in Taos, New Mexico für Hippies, in Albuquerque für Nonnen, in Boulder für jugendliche Straftäter, an der Universität von Minnesota, am Northeast College, einer technischen Schule in Norfolk, Nebraska, in den Schulen Minnesotas, bei mir zu Hause, in schwulen Männergruppen. Ich habe überall dieselbe Methode gelehrt. Seinem eigenen Verstand zu vertrauen und Vertrauen in die eigene Erfahrung zu entwickeln, ist eine derart grundlegende Lehre, dass ich nie müde werde, darüber zu reden. Stattdessen wird mir ihre Bedeutung immer bewusster.

1974 begann ich mit Meditation. Von 1978 bis 1984 vertiefte ich mich am Minnesota Zen Center bei Dainin Katagiri Roshi (*Roshi* ist ein Titel für einen Zen-Meister) in die Lehre des Zen. Immer wenn ich zu Katagiri Roshi ging und ihm eine Frage stellte, hatte ich Schwierigkeiten, seine Antwort zu verstehen, bis er einmal sagte: »Weißt du, es ist wie beim Schreiben, wenn man ...« Und ich begriff, was er meinte, weil er sich auf einen Bereich bezog, mit dem ich vertraut war. Vor ungefähr drei Jahren fragte er mich: »Wieso meditierst du eigentlich? Warum lässt du das Schreiben nicht diese Funktion übernehmen? Wenn du dich dem Schreiben ernsthaft widmest, dann wird es dich überall hinführen.«

Dieses Buch handelt vom Schreiben. Außerdem davon, wie man das Schreiben als Meditationsübung einsetzen kann, so dass Sie Ihr eigenes Leben verstehen lernen und geistig gesund bleiben. Was ich hier über das Schreiben sage, lässt sich auch auf Laufen, Malen und alles, was Sie lieben und womit Sie in Ihrem Leben arbeiten möchten, übertragen. Als ich einem Freund, John Rollwagen, dem Präsidenten von Cray Research, einige Kapitel vorlas, bemerkte er: »Tja, Natalie, du sprichst über das Business. Genauso läuft es in der Wirtschaft. Da gibt es keinen Unterschied.«

Das Schreiben zu erlernen ist kein linearer Prozess. Es gibt keinen universellen Weg, der Sie von A über B zu Ihrem Ziel - ein guter Schriftsteller zu werden - führt. Es gibt nicht nur eine einzige Wahrheit, die auf alles eine Antwort ist. Es gibt viele Wahrheiten. Schreiben zu üben heißt auch, sich mit seinem ganzen Leben auseinander zu setzen. Wenn Sie lernen, wie man einen gebrochenen Knöchel richtet, können Sie dieses Wissen nicht für das Füllen kariöser Zähne anwenden. Sie werden in diesem Buch auf einen Abschnitt stoßen, der Ihnen empfiehlt, sehr detailliert und präzise zu schreiben. Dies soll Ihnen helfen, die Gefahren von Abstraktion und Verallgemeinerungen zu vermeiden. In einem anderen Kapitel dagegen wird Ihnen geraten, die Kontrolle aufzugeben und sich von den Wogen der Emotionen mitreißen zu lassen. Das soll Sie dazu ermutigen, wirklich das auszudrücken, was Sie tief im Inneren spüren. Oder Sie finden den Rat, sich einen Arbeitsplatz einzurichten, einen ganz privaten Ort zu finden, an dem Sie in Ruhe schreiben können, während es im nächsten Kapitel heißt: »Lass den Abwasch stehen, geh aus dem Haus und schreibe in einem Café.« Je nach Aufgabenstellung sind unterschiedliche Techniken angebracht. Jeder Augenblick ist anders und verlangt nach einem anderen Ansatz. Es gibt dafür nicht nur falsch oder richtig.

Als Lehrerin möchte ich, dass meine Studenten »bis ins Mark vordringen«, dass sie die Essenz ihres Inneren hervorbringen. Aber ich weiß auch, dass ich nicht einfach sagen kann: »Schreibt, was ihr fühlt.« In meinen Seminaren probieren wir verschiedene Methoden und Techniken aus. Irgendwann treffen meine Schüler dann ins Schwarze und sagen das, was sie sagen wollen, und vor allem, *wie* sie es sagen wollen. Aber es ist ein individueller Prozess. Es ist nicht möglich, von vornherein zu sagen, dass meine Schüler, sagen wir, nach der dritten Stunde - nachdem wir diesen und jenen Punkt abgehakt haben - plötzlich gut schreiben können.

Dasselbe gilt für dieses Buch. Sie können es von vorn bis hinten lesen und damit zum Ziel kommen. Sie können sich aber ebenso gut ein beliebiges Kapitel aussuchen und damit beginnen. Jedes Kapitel ist in sich abgeschlossen und als Ganzheit zu betrachten. Entspannen Sie sich, während Sie es lesen, und absorbieren Sie es mit Ihrem ganzen Körper und Geist. Und lesen Sie nicht nur. Schreiben Sie. Vertrauen Sie sich selbst. Lernen Sie Ihre eigenen Bedürfnisse kennen. Benutzen Sie dieses Buch.

## Zurück zu den Anfängen – Stift und Papier

Es tut mir gut, eine Anfängerklasse zu unterrichten, denn ich muss mich wieder in den Anfänger hineinversetzen, muss wieder in meine eigene Anfangszeit zurückkehren, und nachempfinden, wie ich damals gefühlt, wie ich gedacht habe. Und das müssen wir in gewisser Hinsicht immer tun, wenn wir etwas Neues beginnen. Es gibt keine Sicherheit, keine Garantie, dass wir etwas Gutes hervorbringen, nur weil uns das zwei Monate zuvor gelungen ist. Im Grunde genommen fragen wir uns doch jedes Mal, wenn wir neu beginnen, wie wir es überhaupt jemals geschafft haben. Jeder neue Anfang ist eine Reise ins Unbekannte.

Wenn ich also ein Schreibseminar halte, muss ich die Story jedes Mal neu erzählen und mir in Erinnerung rufen, dass die Schüler sie zum ersten Mal hören. Ich muss eben am Anfang anfangen.

Und am Anfang steht der Stift, den man verwendet. Er muss schnell und leicht schreiben, denn die Gedanken sind immer schneller als die Hand. Sie möchten bestimmt nicht zusätzlich durch einen zu langsamen Stift langsamer schreiben. Kugelschreiber, Bleistift oder Filzstift sind meistens zu langsam. Gehen Sie in ein Schreibwarengeschäft und probieren Sie Verschiedenes aus. Es ist unnötig, zu teuren oder besonders schicken Schreibgeräten zu greifen. Ich benutze meistens einen billigen Füller mit austauschbaren Tintenpatronen. In den vergangenen Jahren habe ich Hunderte davon gekauft; ich habe schon in jeder erdenklichen Farbe geschrieben. Die Füller klecksen oft, aber man kann schnell mit ihnen schreiben. Auch Tintenroller sind schnell, aber Sie müssen einen leichten Kontaktverlust in Kauf nehmen: Sie möchten doch den Stift auf dem Papier beim Schreiben fühlen.

Suchen Sie Ihren Schreibblock mit der gleichen Sorgfalt aus. Das ist wichtig, denn es geht um Ihr Werkzeug, genau so wie zum Zimmermann Hammer und Nägel gehören. (Freuen Sie sich, dass Sie nur so wenig Geld investieren müssen!) Manche Leute kaufen teure gebundene Blanko-Bücher. Sie sind sperrig und schwer, und weil sie so hübsch und elegant aussehen, werden Sie sich verpflichtet fühlen, etwas besonders Anspruchsvolles zu Papier zu bringen. Dabei sollen Sie doch das Gefühl haben, selbst den übelsten Schund aufschreiben zu dürfen! Gönnen Sie sich also viele preiswerte Seiten, auf denen Sie das Schreiben erproben können. Ein billiges Spiralbuch gibt Ihnen die Sicherheit, dass Sie sich ein neues leisten können, sobald Sie das erste gefüllt haben. Außerdem kann man es problemlos mitnehmen (ich kaufe meine Taschen oft in der entsprechenden Größe).

Garfield, die Muppets, Mickey Mouse, Star Wars. Ich nehme am liebsten Spiralbücher mit witzigen Deckblättern. Jeden Spätsommer zum Schulbeginn erscheinen neue. Sie kosten etwas mehr als die schlichten, aber sie gefallen mir. Ich kann mich selbst nicht allzu ernst nehmen, wenn ich ein Peanuts-Heft aufschlage. Außerdem helfen sie mir, meine Arbeit zu datieren: Letzten Sommer waren es die Spiralhefte mit Garfield, davor die mit Paulchen Panther etc. Probieren Sie verschiedene aus - kariert, liniert, blanko, mit Soft- oder Hardcovern. Schließlich müssen Sie damit zurechtkommen.

Auch die Größe des Hefts ist wichtig, kleinformatige können Sie in die Tasche stecken, aber das könnte zu »kleinen« Gedanken führen. Was nicht unbedingt schlimm ist: William Carlos Williams, der berühmte amerikanische Dichter, der außerdem Kinderarzt war, schrieb seine Gedichte oft zwischen zwei Patiententerminen auf Rezeptblocks nieder.

*Detail*

Doc, hab' Se gesucht.
Schuld Ihn'n noch zwei Bucks.

Wie geht's denn so?

Gut. Wenn ich se hab',
bring ich se Ihnen vorbei.

In seinem gesammelten Werk sind viele Gedichte in Rezeptblock-Größe zu finden.

Vielleicht schreiben Sie aber auch gar nicht gern mit der Hand, vielleicht haben Sie eher das Bedürfnis, Ihre Gedanken direkt zu tippen. Schreiben ist ein körperlicher Prozess, der von der Ausrüstung, die Sie verwenden, beeinflusst wird. Wenn Sie tippen, berühren Ihre Finger Tasten, und das Ergebnis sind eckige, schwarze Buchstaben. Dadurch kann ein ganz anderer Teil Ihres Wesens hervorkommen. Ich habe festgestellt, dass ich die erste Version mit der Hand schreiben muss, wenn ich etwas sehr Emotionales zu Papier bringen will. Anscheinend ist die Verbindung zum Herz in diesem Fall direkter. Wenn ich Geschichten erzählen will, setze ich mich allerdings gleich an die Schreibmaschine.

Sie können auch versuchen, Ihre Stimme, die Ihre Gedanken ausspricht, mit einem Kassettenrekorder aufzunehmen. Das kann sogar sehr praktisch sein: Vielleicht nähen Sie gerade den Saum eines Kleides und denken daran, wie es damals mit Ihrem Ex-Mann war - eine Erfahrung, über die Sie schreiben wollen. Während Ihre Hände mit Nadel und Faden beschäftigt sind, können Sie bequem in den Rekorder sprechen.

Ich habe noch nicht sehr oft mit einem Computer gearbeitet, aber ich kann mir vorstellen, wie angenehm es sein muss, die Tastatur auf den Schoß zu legen, die Augen zu schließen und einfach drauflos zu schreiben. Denn dabei gibt es keinen Wagen, der am Ende der Zeile zur nächsten weiterschaltet und Sie mit einem Klingeln stört.

Experimentieren Sie. Probieren Sie alles aus, versuchen Sie sogar, auf einem Zeichenblock zu schreiben. Es ist wahr, dass die Innenwelt die Außenwelt erschafft, aber die Außenwelt und unsere Arbeitsmittel beeinflussen unsere Gedanken.

Suchen Sie Ihr Werkzeug sorgfältig aus, aber Sie dürfen sich dadurch nicht ablenken lassen und mehr Zeit im Schreibwarengeschäft als an Ihrem Schreibtisch verbringen.

## Erste Gedanken

Die Grundlage der Schreibpraxis ist eine festgelegte Übungszeit. Sie können sich zehn Minuten, zwanzig oder eine Stunde vornehmen - das bleibt Ihnen überlassen. Sie wollen vielleicht mit kurzen Übungen anfangen, um Ihr Pensum in der folgenden Woche zu steigern. Vielleicht wollen Sie auch gleich mit einer Stunde einsteigen. Es macht keinen Unterschied. Was allein zählt ist, dass Sie die Zeit voll ausnutzen und sich ganz und gar dem Schreiben widmen.

1. *Halten Sie Ihre Hand in Bewegung.*
   Halten Sie nicht inne, um die Zeile noch einmal zu lesen. Das würde eine Verzögerung bedeuten – den Versuch, die Gedanken unter Ihre Kontrolle zu zwingen.
2. *Streichen Sie nichts.*
   Das würde bedeuten, dass Sie schon während des Schreibens redigieren. Selbst wenn Sie etwas schreiben, was Sie nicht schreiben wollten, lassen Sie es stehen.
3. *Kümmern Sie sich nicht um Rechtschreibung, Zeichensetzung oder Grammatik.*
   Sie sollten nicht einmal darauf achten, ob Sie über den Rand schreiben oder auf Linie bleiben.
4. *Lassen Sie sich gehen.*
5. *Denken Sie nicht. Versuchen Sie nicht, logisch zu sein.*
6. *Weichen Sie dem wunden Punkt nicht aus.*
   Wenn Sie etwas schreiben, was Sie erschreckt oder Ihnen das Gefühl gibt, sich bloßzustellen, bleiben Sie dran. Wahrscheinlich steckt darin jede Menge Energie.

Das sind die Regeln. Und es ist wichtig, sich an sie zu halten, denn das Ziel ist es, mit Hilfe der ersten Gedanken bis ins Innere vorzudringen, wo die Energie nicht durch soziales Bewusstsein oder den inneren Zensor im Zaum gehalten wird - wo Sie ausdrücken, was Ihr Geist tatsächlich sieht und fühlt, nicht was er *glaubt*, sehen oder fühlen zu müssen. Es ist eine großartige Gelegenheit, die Besonderheiten Ihres Denkens kennen zu lernen. Erforschen Sie die zerklüfteten Randbereiche Ihres Geistes. Füllen Sie das Papier mit der farbenfrohen Vielfalt Ihres Bewusstseins.

Erste Gedanken besitzen enorme Energie. Damit meine ich die erste und spontane Reaktion Ihres Geistes auf eine Sache. Der innere Zensor unterdrückt diese Gedanken gewöhnlich sofort, so dass wir uns im Wirkungsbereich von zweiten oder dritten Gedanken bewegen - Gedanken über Gedanken, die einen zwei- oder sogar dreifachen Abstand von der ersten, originalen Reaktion einnehmen. Mir kam zum Beispiel einmal der Satz »Ich schnitt mir das Gänseblümchen aus der Kehle« in den Sinn. Mein zweiter Gedanke war durch und durch geprägt von Scheu und der Furcht vor Peinlichkeit, mein Bewusstsein sagte augenblicklich: »Das ist doch lächerlich. Du klingst wie ein Selbstmordkandidat. Zeig dich auf keinen Fall als jemand, der sich die Kehle durchschneidet. Man wird dich für verrückt halten.« Wenn wir unserem inneren Zensor also seinen Willen lassen, schreiben wir am Ende: »Mein Hals war etwas wund, also schwieg ich.« Brav und langweilig.

Erste Gedanken sind außerdem vollkommen unbeeinflusst vom Ego, diesem Mechanismus in uns, der uns beherrschen und beweisen will, dass die Welt beständig, solide und logisch ist. Die Welt ist nicht beständig, sie verändert sich unablässig und steckt voll von menschlichem Leiden. Wenn Sie also etwas sagen, was nicht von Ihrem Ego beeinflusst ist, ist es ursprünglich und voller Kraft, weil Sie ausdrücken, wie die Dinge in Wahrheit sind. Ihre Worte sind frei von der Kontrolle des Egos, sie gleiten für einen Augenblick auf den Wogen des menschlichen Bewusstseins und benutzen Ihre persönliche Geschichte, um das Erlebte auszudrücken.

In der Zen-Meditation sitzen Sie mit gekreuzten Beinen auf einem Kissen, das *zafu*, den Rücken gerade, die Hände in einer Haltung, die man *mudra* nennt, auf den Knien oder vor dem Körper. Sie blicken an eine weiße Wand und konzentrieren sich auf Ihren Atem. Und was auch immer Sie gerade empfinden - wahre Stürme aus Wut oder Widerstand, Gewitter aus Freude oder Trauer -, Sie bleiben mit gekreuzten Beinen sitzen und blicken die Wand an. Sie lernen, sich nicht fortreißen zu lassen, und seien der Gedanke oder die Emotion noch so stark. Die Disziplin lautet: sitzen bleiben.

Das Gleiche gilt für das Schreiben. Sie müssen ein tapferer Krieger sein, wenn Sie sich den Erstgedanken stellen und aus diesen heraus schreiben. Möglicherweise werden Sie - besonders zu Anfang - starken Gefühlen und Energien begegnen, die Sie aus der Bahn zu werfen drohen, aber Sie schreiben weiter. Sie fahren fort, mit Ihrem Stift Einzelheiten aus Ihrem Leben festzuhalten und in Ihr Herz vorzudringen. In Anfängerklassen kommt es nicht selten vor, dass Schüler weinend zusammenbrechen, wenn sie lesen, was sie geschrieben haben. Das ist vollkommen in Ordnung. Manche weinen schon während des Schreibens. Dennoch ermutige ich sie immer, auch unter Tränen weiterzulesen oder -zuschreiben, denn es ist wichtig, sich nicht von den Emotionen mitreißen zu lassen. Lassen Sie sich nicht von Tränen aufhalten - dringen Sie bis zur Wahrheit vor. So lautet die Disziplin.

Warum sind erste Gedanken so voller Energien? Weil sie unverbraucht und voller Inspiration sind. Inspiration bedeutet zu atmen. Gott einzuatmen. Sie wachsen förmlich über sich hinaus, und ursprüngliche Gedanken sind unmittelbar die Gegenwart. Sie verbergen nicht, was tatsächlich geschieht oder empfunden wird. Die Gegenwart ist durchdrungen von gewaltiger Energie. Sie ist, was sie ist. Eine Freundin - eine Buddhistin - sagte einmal nach einer Meditation: »Die Farben sind danach so viel klarer.« Ihr Meditationslehrer erwiderte: »Wenn du im Jetzt bist, wird die Welt wahrhaftig lebendig.«

## Schreibtraining

Schreiben ist wie Laufen - je öfter Sie es tun, um so besser werden Sie. An manchen Tagen haben Sie keine Lust und müssen sich zu jedem Meter Ihrer festgesetzten Strecke zwingen, trotzdem laufen Sie. Sie trainieren, ob Sie wollen oder nicht. Sie warten nicht auf die Inspiration oder auf die Lust zu Laufen. Denn sie wird nicht von alleine kommen - schon gar nicht, wenn Sie einmal nicht mehr in Form sind. Wenn Sie dagegen regelmäßig laufen, trainieren Sie Ihren Geist darauf, Ihren inneren Widerstand zu durchbrechen. Sie tun es einfach. Irgendwann mittendrin macht es Ihnen plötzlich wieder Spaß. Und wenn Sie am Ende Ihrer Strecke angelangt sind, wollen Sie gar nicht mehr aufhören. Sie sehnen sich schon nach dem nächsten Mal.

Mit dem Schreiben ist es nicht anders. Wenn Sie einmal dabei sind, fragen Sie sich, warum Sie so lange gebraucht haben, bis Sie sich an Ihren Tisch setzen. Durch Training werden Sie wirklich besser. Sie lernen, Ihrem Inneren immer mehr zu vertrauen und nicht der Stimme nachzugeben, die Ihnen empfiehlt, dem Schreiben aus dem Weg zu gehen. Seltsam, wir zweifeln nicht daran, dass ein Fußballteam viele Stunden vor einem Spiel trainieren muss, beim Schreiben gönnen wir uns aber so wenig Zeit zum Üben.

Wenn Sie schreiben, nehmen Sie sich nicht vor: Jetzt schreibe ich ein Gedicht. Diese Erwartung wird Sie von vornherein hemmen. Setzen Sie sich hin, ohne etwas von sich zu erwarten und sagen Sie sich: Ich darf den größten Schund der Welt schreiben. Sie müssen sich die Chance geben, so viel Sie wollen und ohne ein festes Ziel zu schreiben. Ich hatte Studenten, die mir erzählten, sie hätten sich vorgenommen, einen großartigen Roman zu schreiben, seitdem aber keine einzige Zeile zustande gebracht. Wenn Sie jedes Mal, sobald Sie sich an die Arbeit machen, etwas Großartiges von sich erwarten, kann das nur zu Enttäuschung führen. Ganz abgesehen davon, dass Ihre Erwartung Sie von vornherein am Schreiben hindert.

Ich habe mir zur Regel gemacht, pro Monat ein Spiralheft vollzuschreiben (ich nehme mir immer ein bestimmtes Pensum vor). Einfach vollzuschreiben. Als Übung. Mein Ideal ist es, jeden Tag zu schreiben. Ich sage, dass es mein Ideal ist. Ich hüte mich davor, mich zu verurteilen oder mich unter Druck zu setzen, wenn ich es nicht schaffe. Niemand kann seinem Ideal hundertprozentig entsprechen.

Wenn ich schreibe, kümmere ich mich nicht um Ränder oder Kopfzeilen - ich schreibe die ganze Seite voll. Schließlich muss ich nicht mehr für einen Lehrer oder für die Schule schreiben. Ich schreibe in erster Linie für mich, und ich muss mich nicht einschränken. Dieses Wissen macht mich innerlich frei. Und wenn ich den Punkt erreicht habe, an dem ich ganz in meiner Arbeit aufgehe und alles um mich herum vergesse, kümmere ich mich gewöhnlich auch nicht mehr um Rechtschreibung, Zeichensetzung etc. Dann verändert sich auch meine Schrift; die Buchstaben werden größer, offener.

Wenn ich meine Schüler im Seminarraum beim Schreiben beobachte, kann ich sehr oft erkennen, wer gerade hundertprozentig bei der Sache ist. Diese Schüler wirken konzentrierter, ihre Körper lokkerer. Auch hier passt der Vergleich mit dem Laufen. Sobald man wirklich dabei ist, setzt der Körper kaum Widerstand entgegen. Man ist im Einklang mit ihm, es gibt keine Trennung zwischen Geist und Körper. Wenn man ganz in seine Arbeit - ins Schreiben - versunken ist, gibt es keinen Autor, kein Papier, keinen Stift, keine Gedanken. Es ist das Schreiben selbst, das die Worte hervorbringt - alles andere versinkt.

Eines der Hauptziele im Schreibtraining ist es, dem eigenen Verstand und Körper vertrauen zu lernen, sich in Geduld zu üben, Aggressionen abzulegen. Die Kunst lebt in der großen Welt. Ein einzelnes Gedicht, eine einzelne Geschichte hat wenig Bedeutung.

Es ist der Prozess des Schreibens und des Lebens, der zählt. Zu viele Schriftsteller, die großartige Werke hervorgebracht haben, sind wahnsinnig oder Alkoholiker geworden oder haben Selbstmord begangen. Das Schreibtraining hilft Ihnen, Ihren Geist gesund zu erhalten. Wir versuchen, durch unsere Gedichte und Geschichten zu gesunden.

Chögyam Trungpa Rinpoche, ein buddhistischer Gelehrter aus Tibet, sagte einmal: »Selbst im Angesicht gewaltiger Widerstände müssen wir uns weiterhin öffnen. Niemand wird uns beistehen, und dennoch müssen wir die Schutzschichten des Herzens abtragen.« Dasselbe gilt für diese Art von Schreibtraining: Wir müssen fortfahren, uns zu öffnen und unserer eigenen Stimme, unserer Entwicklung zu vertrauen. Wenn dies gelingt, wird letztlich auch das Ergebnis gut sein: Sie werden etwas Gutes geschrieben haben.

Eine Freundin erzählte mir, dass sie, wenn sie eine gelungene Schwarz-Weiß-Zeichnung kolorieren wollte, erst einmal an Zeichnungen üben würde, die ihr nicht viel bedeuteten, um sich vorzubereiten. Das Schreibtraining ist ebenfalls eine Vorbereitung auf alles, was Sie vielleicht schreiben wollen. Es ist die unterste Stufe, die Grundlage für den Beginn Ihrer Arbeit. Das Vertrauen, das Sie in sich selbst zu setzen lernen, kann sowohl in einen Geschäftsbrief, einen Roman, eine Doktorarbeit, ein Theaterstück oder persönliche Erinnerungen einfließen. Aber es ist etwas, auf das Sie immer wieder zurückgreifen müssen. Denken Sie nicht: »Ich hab's. Ich kann jetzt schreiben. Ich vertraue meiner Stimme. Jetzt schreibe ich *den* Jahrhundertroman!« Es ist wunderbar, einen Roman zu schreiben, aber hören Sie nicht mit dem Training auf. Die Übung stimmt Sie ein, wie das Warm-up einen Tänzer oder die Dehnübungen einen Leichtathleten. Läufer kommen nicht auf die Idee, ihre Muskeln seien geschmeidig, nur weil sie am vorherigen Tag gelaufen sind. Sie dehnen und wärmen sie jeden Tag wieder aufs Neue.

Schreibtraining begleitet Sie Ihr ganzes Leben und verlangt keine Art logischer Form: Es gibt kein Kapitel 19, das auf Kapitel 18 folgt. Sie dürfen dabei wild und ungezügelt sein und den Traum von der Suppe Ihrer Großmutter mit dem Anblick der dramatischen Wolkenbildung vor Ihrem Fenster verbinden. Schreibtraining braucht keine Ziele, seien Sie nur Sie selbst gerade in diesem Augenblick. Stellen Sie sich Ihr Schreibtraining vor, als würden Sie liebevoll von Armen umschlossen - ohne Vorbehalt. Es ist ein verwilderter Wald, in dem wir Energien sammeln, bevor wir unseren Garten kultivieren - unsere Romane und Bücher schreiben.

Gehen Sie jetzt sofort heran. Schenken Sie mir diesen Augenblick. Schreiben Sie, was immer Ihnen in den Sinn kommt. Vielleicht beginnen Sie mit »Dieser Augenblick« und enden bei den Gardenien, die Sie bei Ihrer Hochzeit vor sieben Jahren getragen haben. Wunderbar. Versuchen Sie nicht, Ihren Schreibfluss in geordnete Bahnen zu zwingen. Akzeptieren Sie, was aus Ihrem Inneren aufsteigt, und halten Sie Ihre Hand in Bewegung.

## Fruchtbarer Boden

Erfahrungen brauchen eine Weile, bevor wir sie verinnerlicht haben und sie sich in unserem Bewusstsein festsetzen. So ist es zum Beispiel ausgesprochen schwer, über das Verliebtsein zu schreiben, wenn Sie gerade eine stürmische Liebesaffäre erleben. Wir besitzen noch keine Perspektive. Wir können es immer und immer wieder mit »Ich bin wahnsinnig verliebt« beschreiben, mehr nicht. Ebenso schwer ist es, über eine Stadt zu schreiben, in die wir erst kürzlich gezogen sind. Wir haben sie noch nicht verinnerlicht. Wir kennen unsere neue Heimat noch nicht, selbst wenn wir bis zum nächsten Supermarkt finden, ohne uns zu verirren. Wir haben noch keine drei Winter dort erlebt, noch nicht gesehen, wie die Enten im Herbst nach Süden ziehen und sich im Frühling wieder am See niederlassen. Hemingway schrieb in einem Pariser Café über Michigan. »Vielleicht würde ich in Michigan über Paris schreiben, so wie ich in Paris über Michigan schrieb. Ich wusste nicht, dass es noch zu früh dafür war, denn ich kannte Paris noch nicht gut genug.« Unsere Sinne selbst sind im Grunde stumm. Sie nehmen unsere Erfahrungen auf, sie brauchen etwas Zeit, bis sie unser Bewusstsein und unseren ganzen Körper durchdrungen haben. Ich nenne diesen Vorgang »Kompostieren«. Stellen Sie sich den Körper als Komposthaufen vor: Wir sammeln Eindrücke und Erfahrungen, die wie Eierschalen, Spinatblätter und gebrauchte Kaffeefilter zersetzt werden und Gase und Wärme freisetzen, um dann zu fruchtbarem Boden zu werden. Auf diesem fruchtbaren Boden blühen unsere Gedichte und Geschichten. Aber dies geschieht nicht sofort. Es braucht Zeit. Immer wieder müssen die organischen Einzelheiten Ihres Lebens auflockert, gewendet werden, bis einige dieser Teilchen gefiltert den Abfall irrelevanter Gedanken durchdringen und auf die schwarze Muttererde darunter fallen.

Wenn ich Studenten habe, die zwar schon viele Seiten geschrieben haben, aber noch nichts wirklich Gutes und trotzdem eifrig Seite um Seite schreiben, bin ich zufrieden, denn ich sehe, dass sie ihr Bewusstsein, ihren Geist nach Material durchsuchen. Ich weiß, dass diese Menschen weitermachen werden und dass sie nicht nur besessen davon sind, sich wirklich dem Schreiben hinzugeben, sondern auch mitten in einer Entwicklung stecken. Sie durchkämmen ihren Geist und Alltägliches auf der Suche nach gehaltvolleren Gedanken. Wenn wir mit diesen Rohstoffen arbeiten, ziehen sie uns immer tiefer in uns selbst hinein, ohne dass dieser Vorgang zur einer neurotischen Reaktion wird. Im Gegenteil - wir werden den fruchtbaren Garten in uns entdecken und ihn für unser Schreiben nutzen.

An manche Themen muss ich immer wieder herangehen, bis mich das Ergebnis zufrieden stellt. Sie könnten zum Beispiel in meinen Notizblöcken von August bis Dezember 1983 sehen, dass ich mehrfach im Monat versucht habe, über das Sterben meines Vaters zu schreiben, und dabei habe ich das vorhandene Material untersucht und kompostiert. Eines Tages im Dezember - ich weiß nicht, wie es geschah - floss ein langes Gedicht zu diesem Thema auf das Papier vor mir, als ich gerade im Café Croissant Express in Minneapolis saß. All die scheinbar unvereinbaren Worte, die ich sagen wollte, verbanden sich plötzlich, erfüllt mit Energie, zu einer Einheit - es war, als sei eine leuchtendrote Tulpe aus dem Kompost emporgewachsen. Katagiri Roshi sagte einmal: »Dein kleiner Wille bewirkt gar nichts. Es bedarf großer Entschlusskraft. Große Entschlusskraft bedeutet nicht einfach, sich Mühe zu geben. Es bedeutet, dass das gesamte Universum - Vögel, Bäume, Himmel, Mond und die Himmelsrichtungen - bei dir ist.« Plötzlich, nach längerer Zeit des Kompostierens, sind Sie im Einklang mit den Sternen, mit dem Augenblick oder mit dem Kronleuchter direkt über Ihrem Kopf; Ihr Körper öffnet sich und spricht.

Wer diesen Prozess versteht, entwickelt Geduld und verringert seine innere Anspannung. Wir haben nicht auf alles Einfluss, nicht einmal auf das, was wir schreiben. Dennoch müssen wir üben. Es gibt keine Entschuldigung dafür, auf der Couch zu sitzen und Pralinen zu essen, statt zu schreiben. Denn wir müssen unseren Kompost immer wieder auflockern, anreichern, um ihn fruchtbar zu machen, damit etwas Wunderschönes darauf wachsen kann. Halten Sie sich und Ihre Schreibhand bereit, ins Universum davonzugaloppieren, wenn der richtige Augenblick dafür gekommen ist.

Wenn wir diese Entwicklung verstehen, wird es uns sogar dabei helfen, die Erfolge anderer zu akzeptieren - ohne sie zu sehr zu beneiden. Der Andere hat sein Stadium der Entwicklung gerade erreicht. Wir werden es auch erreichen - in diesem Leben oder im nächsten. Was macht es schon? Trainieren Sie weiter.

## Künstlerische Sicherheit

Der Stapel meiner Spiralhefte ist seit 1977, als ich mit dem Schreiben in Taos, New Mexico, anfing, auf ungefähr zwei Meter gewachsen. Ich will sie wegwerfen - wer kann schon ertragen, den Unsinn vor Augen zu haben, den der eigene Kopf während des Schreibtrainings hervorgebracht hat? Ich habe einen Freund in New Mexico, der aus Bierdosen und alten Autoreifen Häuser mit Solarenergie baut. Ich könnte womöglich irgendwann ein Haus aus meinen vollgeschriebenen Spiralheften bauen. Eine Freundin, die über mir wohnt, sagt: »Wirf die Dinger bloß nicht weg.« Sie kann sie gern haben, wenn sie will.

Ich stapele sie auf der Treppe, die zu ihrer Wohnung hinaufführt, und reise anschließend zu einem viertägigen Schreib-Workshop nach Norfolk, Nebraska. Als ich zurückkehre, sieht sie mich merkwürdig an und lässt sich in den rosafarbenen Sessel in meinem Schlafzimmer fallen. »Ich habe das ganze Wochenende in deinen Heften gelesen«, sagt sie. »Sie sind so intim, auf manchen Seiten so ängstlich, so unsicher, und plötzlich bist du es nicht mehr - nur noch pure Energie und ungezähmter Geist. Und jetzt bist du hier, Natalie, in Fleisch und Blut, ein echter Mensch. Das ist ein wirklich komisches Gefühl.« *Mir* gibt das ein gutes Gefühl, und es kümmert mich nicht, dass sie nun weiß, wie ich wirklich bin. Ich freue mich. Ich will, dass mich jemand wirklich kennt. Wir tragen vor anderen und vor uns selbst so viele Masken, es ist wundervoll, wenn jemand entdeckt, wer wir wirklich sind und uns genau deswegen akzeptiert.

Meine Freundin behauptet, es sei ermutigend gewesen, meine Hefte zu lesen, weil sie erkannt hätte, dass ich tatsächlich oftmals »Mist« geschrieben habe - manchmal ganze Hefte voll. Und das sage ich auch meinen Schülern. »Wissen Sie, ich schreibe noch immer Seite um Seite schrecklich pathetisches Zeug.« Sie glauben mir nicht. Aber meine Hefte sind ein unwiderlegbarer Beweis dafür. Meine Nachbarin und Freundin schließt daraus: »Wenn du damals solchen Schwachsinn geschrieben hast und heute diese Texte hervorbringst, dann kann auch ich alles erreichen. Im eigenen Bewusstsein liegt so viel Kraft. Ich habe jetzt das Gefühl, dass ich wer weiß was alles vollbringen kann!« Das, was sie an meinen Heften - seitenlange Klagen, langweilige Beschreibungen und ungerechter Zorn - vor allem fasziniert habe, sei das absolute Vertrauen in die Weiterentwicklung. »Ich konnte sehen, dass du weitergeschrieben hast, selbst wenn da stand: »Ich muss vollkommen bescheuert sein, das hier zu machen«.

Es stimmt, dass ich an den Entwicklungsprozess glaube. Ich lebte damals in der Einöde langer, trockener Tage in den Bergen New Mexicos; in Taos' einzigem Kino lief sechs Monate lang *Der weiße Hai*. Ich glaubte daran, dass etwas Echtes unter der Oberfläche oder genau in der Mitte des Lebens sein müsse, aber oft lenkte mein Verstand mich ab. Aber mein Verstand und mein Leben waren alles, was ich hatte. Sie waren die Basis für mein Schreiben. »Wenn man deine Hefte liest, erkennt man, dass diese Art zu schreiben dich zu dem machte, was du heute bist. Es ist wie die Bestätigung, ein Mensch zu sein.«

Wenn Sie beginnen, direkt aus sich selbst heraus zu schreiben, müssen Sie auch bereit sein, womöglich fünf Jahre lang nur Unsinn zu Papier zu bringen. Den haben wir über weit mehr Jahre angesammelt, sind ihm aber nur allzu gern aus dem Weg gegangen. Wir müssen uns unserer Trägheit, Unsicherheit, unserem Selbsthass und der Angst stellen, dass wir vielleicht doch nichts Wertvolles zu sagen haben. Es stimmt, dass wir auf Widerstand stoßen, sobald wir etwas Neues beginnen. Nun haben Sie die Gelegenheit, nicht wegzulaufen oder sich aus der Bahn werfen zu lassen, sondern die Worte schwarz auf weiß zu lesen und herauszufinden, was Sie in Wahrheit zu sagen haben. Wenn aus dem Abfall und Kompost Blumen wachsen, fühlen Sie sich bestätigt. Sie laufen nicht mehr davon. Sie gewinnen ein Gefühl von künstlerischer Sicherheit. Und wenn Sie keine Angst mehr vor den Stimmen in Ihrem Inneren haben, dann fürchten Sie auch die Kritik von außen nicht mehr. Im Übrigen sind diese Stimmen nur die Wächter und Dämonen, die den wahren Schatz, die spontanen Gedanken des Bewusstseins, schützen wollen.

Wenn ich meine alten Hefte durchblättere, kommt mir gelegentlich der Gedanke, dass ich mich manchmal zu sehr habe gehen lassen, dass ich mir zu viel Raum zugestanden habe, in meinen belanglosen Gedanken umherzuwandern. Ich hätte den Durchbruch früher schaffen können. Aber es ist gut, auch um unsere fehlerhaften Seiten zu wissen, nicht um sie zu preisen oder zu kritisieren, sondern um sie ganz natürlich als solche hinzunehmen. Denn dadurch fällt es leichter, uns für Schönheit, Rücksichtnahme und Wahrheit zu entscheiden. Wir treffen unsere Wahl, während wir mit beiden Füßen auf dem Boden stehen. Wir laufen der Schönheit nicht hektisch und ängstlich hinterher.

## Themen für das Schreibtraining

Manchmal setzen wir uns hin, um zu schreiben, aber es fällt einem einfach nichts ein. Das leere Blatt kann einschüchtern und es wird ausgesprochen langweilig, in den zehn Minuten Übungszeit immer nur »Mir fällt nichts ein« niederzuschreiben. In diesem Fall hilft eine Extraseite in Ihrem Heft, auf der Sie Ideen und Themen notieren, wann immer Sie Ihnen durch den Kopf gehen. Es kann ein Satz sein, den Sie gehört haben. Einmal beschwerte ich mich zum Beispiel in einem Restaurant bei einem Kellner über seinen Kollegen. Seine Antwort: »Ich weiß, er ist ein wenig eigen. Aber wenn jemand lieber nach seinem eigenen Rhythmus tanzt, sag ich mir, lass ihn tanzen.« Es könnte auch ein Bruchstück einer Erinnerung sein – die dritten Zähne Ihres Großvaters, der Duft der Veilchen im letzten Juni, Sie mit acht Jahren im Rüschenkleidchen. Was Sie wollen. Wann immer Ihnen etwas einfällt, schreiben Sie es auf diese Extra-Seite. Wenn Sie sich dann an Ihr Schreibtraining setzen, können Sie etwas aus dieser Liste auswählen.

Listen anzulegen hilft. Sie fangen an, auch in Ihrem alltäglichen Leben Themen zu entdecken; Sie schreiben aus der Verbindung zwischen Ihrem Dasein und seinem Hintergrund heraus. So beginnt der Kompostierungsprozess. Ihr Körper verdaut und verarbeitet das Material, selbst wenn Sie nicht schreiben. Ein Teil in Ihrem Inneren harkt, gräbt und düngt und bereitet den Boden, in dem die grünen Pflanzen kräftig wachsen sollen, die Ihre Kreativität hineinpflanzen will.

Wenn Sie Ihrem Verstand zu viel Zeit zum Nachdenken lassen, könnte er zu viele Themen streifen, ohne ein einziges Wort zu Papier zu bringen. Eine Themenliste verhilft Ihnen zu einer schnellen Entscheidung und verhindert, dass Sie einen Widerstand dagegen aufbauen. Suchen Sie sich ein Thema und fangen Sie an. Vielleicht werden Sie überrascht sein, in welche Richtung Ihre Gedanken das Thema tragen. Und das ist gut. Kontrollieren Sie nicht, was Sie schreiben. Treten Sie zur Seite. Halten Sie Ihre Hand in Bewegung.

Aber solange Sie noch keine eigene Liste haben, hier ein paar Themenvorschläge:

1. Schreiben Sie etwas über das Licht, das durch Ihr Fenster dringt. Machen Sie sich keine Gedanken, falls es dunkel ist und Sie die Vorhänge zugezogen haben oder Sie lieber über das Licht im Norden schreiben würden - schreiben Sie einfach. Zehn Minuten, fünfzehn, eine halbe Stunde.
2. Beginnen Sie mit »Ich weiß noch, wie«. Schreiben Sie viele kleine Erinnerungen auf. Wenn Sie plötzlich auf eine längere stoßen, schreiben Sie darüber. Nur machen Sie weiter. Dabei ist es vollkommen gleich, ob Sie sich an etwas erinnern, das vor fünf Minuten oder vor fünf Jahren stattgefunden hat. Alles, was nicht jetzt geschieht, ist eine Erinnerung, die beim Schreiben zum Leben erweckt wird. Wenn Sie stecken bleiben, beginnen Sie einfach wieder mit »Ich weiß noch, wie« und schreiben weiter.
3. Suchen Sie etwas, das Sie sehr bewegt - egal ob negativ oder positiv. Schreiben Sie zunächst darüber, als seien Sie begeistert. Wechseln Sie dann die Seite und schreiben Sie, als ob Sie es verabscheuen. Als nächstes nehmen Sie eine vollkommen neutrale Position ein.
4. Denken Sie sich eine Farbe - Rosa zum Beispiel - und gehen Sie spazieren. Achten Sie auf dem Weg darauf, was alles rosafarben ist. Dann kehren Sie nach Hause zurück und schreiben eine viertel Stunde darüber.
5. Arbeiten Sie an verschiedenen Orten. Vielleicht in einem Waschsalon, in dem Sie der Rhythmus der Waschmaschinen begleitet. Schreiben Sie an einer Bushaltestelle, in einem Café. Schreiben Sie auf, was um Sie herum passiert.

6. Beschreiben Sie Ihren Morgen: Aufwachen, Frühstück, der Weg zur Arbeit. Schreiben Sie so detailliert wie möglich. Geben Sie sich Zeit und konzentrieren Sie sich auf die Einzelheiten.
7. Stellen Sie sich einen Ort vor, den Sie wirklich lieben und schauen Sie sich genau um. Es kann Ihr Schlafzimmer sein, ein alter Baum, unter dem Sie einen ganzen Sommer lang gesessen haben, ein Tisch der McDonald's-Filiale in Ihrem Stadtteil, eine Stelle am Fluss. Welche Farben gibt es dort, welche Gerüche, Geräusche? Jemand anderes, der es liest, muss spüren können, wie es an Ihrem Lieblingsort ist. Er muss fühlen, dass Sie diesen Ort lieben - nicht, weil Sie es sagen, sondern durch die Einzelheiten, die Sie beschreiben.
8. Schreiben Sie über das Thema »Abschied« im weitesten Sinn. Schreiben Sie über Ihre Scheidung, wie Sie jeden Morgen das Haus verlassen, über einen Freund, der gestorben ist.
9. Was ist Ihre erste Erinnerung?
10. Wer sind die Menschen, die Sie geliebt haben?
11. Schreiben Sie über die Straßen in Ihrer Stadt.
12. Schreiben Sie über Ihre Großeltern.
13. Schreiben Sie über:
    - Schwimmen
    - die Sterne
    - den Moment Ihrer größten Angst
    - ein Fleckchen Natur
    - wie Sie aufgeklärt wurden
    - Ihr erstes sexuelles Erlebnis
    - den Moment, in dem Sie sich Gott nah gefühlt haben
    - Lesen und Bücher, die Ihr Leben verändert haben
    - eine große körperliche Anstrengung
    - einen Ihrer Lehrer.

Hüten Sie sich vor Abstraktion. Schreiben Sie, wie es ist oder war. Seien Sie ehrlich und genau.

14. Nehmen Sie sich einen Gedichtband. Schlagen Sie eine beliebige Seite auf, wählen Sie eine Zeile aus, notieren Sie sie und beginnen Sie damit. Eine Freundin nennt das »von der Seite runterschreiben«. Es ist leichter, mit einer brillanten Zeile zu beginnen, denn dann starten Sie von einer höheren Warte aus. »Ich werde an einem verregneten Tag in Paris sterben (...) Es wird ein Donnerstag sein«, dichtete Cesar Vallejo. »Ich werde an einem Montag um elf Uhr sterben, an einem Freitag um drei Uhr nachmittags auf einem Traktor in South Dakota, in Brooklyn in einem Delikatessengeschäft«. Jedes Mal, wenn Sie festhängen, wiederholen Sie die erste Zeile erneut und machen weiter. Die Wiederholung der ersten Zeile gibt Ihnen die Chance zu einem ganz neuen Anfang, der Sie in eine vollkommen andere Richtung führen kann: »Ich will nicht sterben, egal ob es in Paris, Moskau oder Youngstown, Ohio ist.«
15. Welches Tier steckt in Ihnen? Sind Sie unter Ihrer menschlichen Hülle in Wirklichkeit eine Katze, ein Fuchs, ein Pferd oder etwas anderes?

Entwickeln Sie Ihre eigene Stoffsammlung. Es ist ein einmaliges Schreibtraining.

## Der Kampf mit dem Tofu

»Disziplin« war für mich schon immer ein grausames Wort. Es klingt so, als solle der träge Teil meines Ichs zum Gehorsam geprügelt werden, und das kann nie funktionieren. Rebell und Diktator streiten unaufhörlich miteinander:

»Ich will nicht schreiben!«

»Und ob du schreiben wirst.«

»Später. Jetzt bin ich zu müde.«

»Du tust es *jetzt*!«

Währenddessen bleibt mein Spiralheft leer. Wieder ein Kampf, den das Ich ausfechten muss. Katagiri Roshi hat einen treffenden Ausdruck dafür: »Gegen den Tofu kämpfen.« Tofu ist ein Käse, der aus Sojabohnen gewonnen wird. Er ist fest, geschmacklos, weiß. Es ist sinnlos, damit zu kämpfen – es führt zu nichts.

Wenn Ihre beiden Ichs sich streiten wollen, lassen Sie sie. In der Zwischenzeit sollte der vernünftige Teil aufstehen, zum Schreibtisch gehen und beginnen, aus einem tieferen, friedlicheren Ort heraus zu schreiben. Unglücklicherweise begleiten uns diese beiden Kämpfer oft, wenn wir schreiben wollen, weil sie sich in Ihrem Kopf befinden. Wir können sie nicht immer im Keller, im Garten oder in der Tagesstätte zurücklassen. Lassen Sie sie also vielleicht für fünf oder zehn Minuten in Ihrem Schreibheft zu Wort kommen. Es ist erstaunlich, wie rasch die Stimmen dann langweilig und Sie ihrer überdrüssig werden.

Es geht hier nur um den Widerstand, weil das Ego ausgesprochen kreativ sein kann im Erfinden von Vermeidungstaktiken. Eine Freundin, die mit ihrem ersten Roman begonnen hatte, erzählte mir, dass sie die ersten zehn Minuten an ihrer Schreibmaschine sitzt und nichts weiter zu Papier bringt, als Sätze darüber, was sie für eine schlechte Schriftstellerin sei und wie vermessen es von ihr wäre, trotz ihrer Unfähigkeit, einen Roman schreiben zu wollen. Dann reißt sie das Blatt aus der Maschine, zerfetzt es, spannt das nächste ein und macht sich an ihre Aufgabe - an das nächste Kapitel ihres Romans.

Es ist wichtig, dass Sie eine Methode entwickeln, wie Sie mit dem Schreiben beginnen; sonst wird der Abwasch - oder alles andere, das Sie vom Schreiben ablenkt - plötzlich zur wichtigsten Sache der Welt. Eigentlich muss man nur den Mund halten, sich hinsetzen und - schreiben. Das ist viel schwieriger, als es klingt. Schreiben ist so fundamental, einfach und nüchtern. Es gibt keine hübschen Spielereien am Rand, die es attraktiver machen. Wir würden unseren Widerwillen lieber mit einer Freundin in einem netten Restaurant diskutieren oder uns von einem Fachmann die Schreibblockade wegtherapieren lassen. Wir neigen dazu, schlichte Aufgaben zu komplizieren. Es gibt eine Zen-Weisheit, die lautet: »Sprich, wenn du sprichst, gehe, wenn du gehst, sterbe, wenn du stirbst.« Schreiben Sie, wenn Sie schreiben! Hören Sie auf, sich mit Schuldgefühlen, Beschuldigungen und selbst gemachtem Druck zu bekämpfen.

Nach all den guten Ratschlägen möchte ich Ihnen aber auch ein paar Tricks verraten, die mir immer weitergeholfen haben.

1. Ich habe schon seit einer Weile nichts mehr geschrieben. Ich rufe eine ebenfalls schreibende Freundin an und verabrede mich für die nächste Woche mit ihr, um über unsere Arbeiten zu reden. Nun muss ich etwas zu Papier bringen, um es ihr zeigen zu können.
2. Ich leite einen Schreibkurs und muss die Aufgaben, die ich meinen Studenten stelle, auch selbst erledigen. Ich habe nicht jahrelang geschrieben, bevor ich Dozentin für Creative Writing wurde. Als ich in Taos lebte, gab es nur wenige Schriftsteller in der Nähe. Ich brauchte Freundinnen, die meine Leidenschaft teilten, deshalb gründete ich eine Schreibgruppe für Frauen. Indem

ich anderen das Schreiben beibrachte, lernte ich es selbst. Baba Haris Dass, ein indischer Yogi, sagt: »Lehre, um zu lernen.«

3. Ich wache morgens früh auf und sage mir: »Okay, Natalie, du hast bis zehn Uhr Zeit, um zu tun, wozu du Lust hast. Aber um zehn nimmst du den Stift in die Hand.« Ich gebe mir ein bisschen Freiraum und setze mir dann ein Ultimatum.
4. Ich wache morgens auf und gehe ohne zu denken, mich zu waschen, mit jemandem zu reden, sofort an den Schreibtisch.
5. In den vergangenen zwei Monaten habe ich fünf Tage in der Woche unterrichtet. Ich komme abends nach Hause, bin müde, habe überhaupt keine Lust zu schreiben. Ein paar Blocks weiter ist ein wunderschönes Café, das die weltbesten Schokokekse für nur dreißig Cents anbietet. Außerdem darf man dort stundenlang sitzen und schreiben. Wenn ich also nach der Arbeit nach Hause komme, sage ich mir: »Okay, Natalie, wenn du jetzt ins Café Croissant Express gehst und eine Stunde lang schreibst, darfst du zwei Chocolate-Chip-Kekse haben.« Normalerweise bin ich innerhalb einer viertel Stunde aus dem Haus, denn Schokolade gehört zu meinen stärksten Motivationen. Problem: Am Freitag habe ich vier Kekse statt meiner üblichen Zweierration vertilgt. Normalerweise ist mir aber, wenn ich so richtig mittendrin bin, das Schreiben Belohnung genug.
6. Ich versuche, pro Monat ein Spiralheft zu füllen. Es geht nicht um Qualität, sondern um Quantität. Ich will ein vollgeschriebenes Heft, und wenn ich nur Unsinn hineinschreibe! Wenn es der 25. eines Monats ist und ich erst fünf Seiten geschrieben habe, so dass noch ungefähr siebzig übrig bleiben, habe ich für die restlichen fünf Tage des Monats verdammt viel Arbeit vor mir.

Sie können sich selber jede Menge nette Tricks ausdenken. Hauptsache, Sie geraten nicht in den Teufelskreis von Schuldgefühlen, Vermeidungsstrategien und Druck. Wenn Sie sich eine Zeit vorgenommen haben, um zu schreiben, dann schreiben Sie.

# Ärger mit dem inneren Lektor

Unterscheiden Sie zwischen dem Schöpfer und Ihrem inneren Lektor oder Zensor, damit dem Schöpfer in Ihnen genug Raum zum Atmen, Erforschen und Formulieren bleibt. Falls Ihr innerer Lektor aber ein absolut lästiges Wesen ist und Sie Schwierigkeiten haben, ihn von Ihrer kreativen Seite fernzuhalten, dann lassen Sie ihn sprechen, wann immer es sein muss. Schreiben Sie auf, was er zu sagen hat: »Du bist ein Blender, wie kommst du bloß auf die Idee, dass du schreiben könntest? Ich finde deine Arbeit unerträglich, du hast keine Ahnung, ich bin total enttäuscht, weil du nur belangloses Zeug von dir gibst, außerdem beherrschst du noch nicht mal die Rechtschreibung ...«. Na, kommt Ihnen das bekannt vor?

Je besser Sie Ihren inneren Zensor kennen, um so leichter wird es Ihnen fallen, ihn zu ignorieren. Nach einer Weile vernehmen Sie ihn nur noch als Stimme im Hintergrund. Verstärken Sie seine Macht nicht, indem Sie ihm aufmerksam zuhören. Wenn die Stimme zum Beispiel behauptet, Sie seien langweilig, und Sie daraufhin sofort aufhören zu schreiben, fühlt sich Ihr Zensor in seiner Meinung bestätigt. Er lernt, dass der Begriff »langweilig« Sie mitten in Ihrer Arbeit erstarren lässt, und Sie können darauf wetten, dass Sie das Wort von nun an sehr oft hören werden. Darum sollten Sie solche Sätze nur wie das leichte Schlagen von Wäsche auf einer Leine im Wind wahrnehmen. Irgendwann sind die Laken trocken und jemand wird sie falten und hereinholen. In der Zwischenzeit schreiben Sie weiter.

# Was vor Ihren Augen liegt

Ich betrete ein Klassenzimmer in Elkton, Minnesota. Es ist Anfang April, die Felder, die die Schule umgeben, sind feucht, noch ungepflügt, nicht bestellt. Und der Himmel ist grau. Als ich höre, dass »Rabbi« zu den Worten gehört, die die fünfundzwanzig Achtklässler buchstabieren gelernt haben, erzähle ich ihnen, dass ich Jüdin bin. Keiner von ihnen hat bisher einen Juden gesehen. Mir ist bewusst, dass alles, was ich in der nächsten Stunde tun oder sagen werde, nun unter »Jude« eingeordnet wird. Als ich hereingekommen bin, habe ich einen Apfel gegessen: Nun werden alle Juden Äpfel essen. Ich erzähle ihnen, dass ich noch nie in einer Kleinstadt gelebt habe - nun wird kein Jude je auf dem Land leben. Ein Schüler fragt mich, ob ich jemanden kenne, der im Konzentrationslager war. Und wir reden über die Deutschen - viele von ihnen sind Nachkommen deutscher Einwanderer.

Sie sind herzlich und strahlen eine wunderbar tiefe Verletzlichkeit aus. Sie wissen, aus welcher Quelle ihr Trinkwasser kommt, dass ihre Katze, die vor zwei Jahren davongelaufen ist, nicht wieder zurückkehren wird, wie ihnen das Haar ins Gesicht fällt, wenn sie laufen. Ich muss ihnen keine Regeln zur Poetik beibringen. Sie ist ihnen bereits vertraut, steckt in allen Dingen. Deshalb frage ich sie: »Woher kommt ihr, wer seid ihr, was ist euch wichtig?« Ich erzähle ihnen, dass ich aus der Stadt komme, diese Felder aber kenne. Wenn man schreibt, kennt man alles. Man kann hier sein und die Straßen von New York kennen. Man kann andere Wesen in sich wohnen lassen: »Ich bin die Schwinge der Krähe, die davongeflogen ist und nicht zurückkehren wird.«

Es ist *eine* Möglichkeit, um den Schreibfluss anzuregen. Ich hatte keinen Plan vorbereitet, als ich die Klasse betrat. Ich versuchte, offen und ohne Unsicherheit zu sein, und aus der Situation entwickelte sich das Thema. Ich weiß, dass dies in jeder Lage funktioniert. Es geht darum, den Menschen mit offenem Herzen zu begegnen. Wahrscheinlich würde ich eine Schule in den Elendsvierteln Manhattans am liebsten bewaffnet mit einer Tasche voll Instant-Schreibübungen betreten; ich bin in New York aufgewachsen und wäre viel ängstlicher gewesen, weil ich so manche Geschichte gehört habe. Aber damit wäre niemandem gedient, am wenigsten mir selbst. Wenn ich mich fürchte, beeinflusst das mein Schreiben, es wird anders als die Wirklichkeit. »Aber du hättest doch allen Grund, dort Angst zu haben!« Nein, denn das wäre ein Vorurteil.

Nach meinem College-Abschluss 1970 arbeitete ich zunächst als Aushilfslehrerin in einer Detroiter Schule. Es war nach den Rassenunruhen, und die Schüler hatten starke Back-Power-Überzeugungen. Ich war noch jung und naiv, gerade erst nach Detroit umgezogen. Alles war neu, aber ich begegnete allem mit offenem Herzen. Dann wurde ich an einer High School eingesetzt, die ausschließlich von schwarzen Schülern besucht wurde. Ich sollte Englisch unterrichten. »Toll«, dachte ich. Im College war Englisch eins meiner Hauptfächer gewesen. Ich packte also mein zerfleddertes Exemplar von *The Norton Anthology of English Literature* ein und machte mich auf den Weg zu der Schule. Beim Klingelzeichen schlenderten die Elftklässler in den Raum. »Hey, Mädchen, was willst du denn hier?« Mir wurde klar, dass diese Schüler wohl kaum brav und still auf ihren Stühlen sitzen bleiben würden, aber das war mir egal. Dies hier war Englischunterricht, und ich war verrückt nach Literatur. »Okay, wartet einen Moment. Ich möchte euch diese Gedichte vorlesen. Ich liebe sie.« Dann las ich ihnen mein Lieblingsgedicht »Gottes Herrlichkeit« von Gerald Manley Hopkins vor, das ich auf dem College zum Missfallen meiner Zimmergenossen sehr oft laut gelesen hatte. Mit derselben Energie wie damals las ich dieses Gedicht also nun der Detroiter Englisch-Klasse vor. Danach war es im Raum absolut still. Plötzlich nahm einer der Schüler ein Buch von Langston Hughes, schob es mir hin und sagte: »Lesen Sie das.« Die ganzen fünfzig Minuten lasen wir laut Gedichte farbiger Poeten vor, die die Schüler sich ausgesucht hatten.

Wenn man schreiben will, muss man allem begegnen, als wäre es das erste Mal. Ein Lehrer aus Elkton nahm mich einmal zur Seite und sagte: »Sehen Sie mal unter die Tische der Schüler. Überall ist Erde von ihren Schuhen. Das ist ein gutes Zeichen. Der Frühling ist da.« Und ganz erstaunt bemerke ich das zum ersten Mal.

Wie findet man Themen, über die man schreiben kann? Alles, was Sie vor Augen haben, kann ein guter Anfang sein. Gehen Sie hinaus auf die Straßen. Gehen Sie, wohin Sie wollen. Erzählen Sie mir alles, was Sie wissen. Kümmern Sie sich nicht darum, ob Sie es studiert haben oder beweisen können. Ich kenne die Felder um Elkton herum, weil ich es sage und weil ich für immer zwischen ihnen herumwandern möchte. Machen Sie sich keine Gedanken darum, dass »für immer« vielleicht die eine Woche bedeutet, in der Sie als Gastautor, als Vertreter einer Trecker-Firma oder als Tourist auf dem Weg in den Westen dort verweilen. Machen Sie sich beim Schreiben alles zu eigen, was Ihnen gefällt, und dann lassen Sie es los.

## Grundwasser fördern

Machen Sie sich keine Sorgen über Ihr Talent oder Ihre Begabung; beides wächst mit dem Training. Katagiri Roshi sagt: »Begabung ist wie ein Grundwasserreservoir tief in der Erde.« Es gehört niemandem, aber man kann es anbohren. Ihre Bemühungen sind wie die Pumpe, die es heraufholt. Widmen Sie sich Ihrem Schreibtraining und lenken Sie Ihre Stimme, sobald Sie ihr vertrauen. Wenn Sie einen Roman schreiben wollen, dann tun Sie es. Wenn Sie Essays oder Kurzgeschichten verfassen wollen, schreiben Sie sie. Das Knowhow werden Sie sich während des Schreibens aneignen. Vertrauen Sie darauf, dass Sie die Technik und das Können, das Sie benötigen, Schritt für Schritt erlernen.

Leider beginnen viele Menschen aus einer mentalen Armut heraus zu schreiben. Sie fühlen sich leer und belegen Kurse, um sich das Schreiben beibringen zu lassen. Aber wir lernen schreiben, indem wir es *tun*. So einfach ist das. Wir lernen es nicht, indem wir zu Autoritäten gehen, die wir für kompetent halten. Ich hatte einmal einen netten fetten Freund, der den Entschluss fasste, Sport zu treiben. Er ging in einen Buchladen, um sich ein Buch über Trainingsmethoden zu kaufen. Aber man nimmt nicht ab, indem man nur darüber liest. Man nutzt das Buch, bewegt sich, trainiert, damit es geschieht.

Unsere Schulen machen meiner Meinung nach einen großen Fehler. Sie lassen Kinder, die geborene Poeten und Geschichtenerfinder sind, Literatur lesen und verlangen von ihnen, dass sie sich von ihr distanzieren, um anschließend »darüber« zu reden.

Die rote Schubkarre
*von William Carlos Williams*

So vieles
liegt in

einer roten
Schubkarre

vom Regen
glänzend

gleich neben weißen
Hühnern.

»Was meinte der Dichter mit der roten Schubkarre? Einen Sonnenuntergang? Eine Kutsche? Und warum war sie vom Regen glänzend?« Fragen über Fragen. Die Antworten lauten vermutlich bloß: Die Schubkarre war rot, weil sie rot lackiert war, und sie glänzte, weil es gerade geregnet hatte. Und es liegt deshalb so vieles darin, weil Gedichte kleine Momente der Erleuchtung sind - als Williams die Schubkarre sah, inspirierte ihn das Bild, das er vor Augen hatte, und es bedeutete plötzlich alles.

In den Schulen werden Gedichte besprochen, als habe der Autor eine geheime Botschaft in seinen Worten versteckt, die die Schüler nun um jeden Preis finden müssten. Aber Gedichte sind keine Rätsel, wir sollten den Versen so nahe wie möglich kommen. Versuchen Sie, sich die Bilder, wie sie der Dichter beschrieben hat, vorzustellen. Distanzieren Sie sich nicht von ihrer Wärme, ihrer Glut, indem Sie »über« sie sprechen. Bleiben Sie bei ihnen. Dadurch lernen Sie zu schreiben. Bleiben Sie aber auch *Ihren* ganz eigenen Gedanken treu und nutzen Sie diese Quelle.

## Wir sind nicht das Gedicht

Wir haben ein Problem: Wir glauben, unsere Worte sind dauerhaft und beständig und können uns unsterblich machen. Leider falsch. Wir schreiben nur für den Augenblick. Wenn ich bei einer Lesung Gedichte vortrage, spüre ich manchmal, dass das Publikum mich mit den Gedichten gleichsetzt. Aber sie sind nicht ich, auch wenn ich in der ersten Person geschrieben habe. Sie bestehen aus meinen Gedanken und meinen Gefühlen, wie sie waren, als ich sie schrieb. Sie können es an sich selbst beobachten. Wir verändern uns ständig. Und darin liegt eine großartige Chance. Wir können jederzeit aus unserem erstarrten Ich und seinen Ideen heraustreten und ganz neu beginnen. Das macht das Schreiben aus: Statt uns zu fesseln, befreit es uns.

Die Fähigkeit, etwas zu Papier zu bringen - zum Beispiel auszudrücken, was Sie für einen alten Ehemann oder einen alten Schuh empfinden, oder wie es war, an einem grauen Morgen in Miami ein Sandwich zu essen -, die Fähigkeit, Ihre Gefühle mit den Worten, die Sie schreiben, in Einklang zu bringen, befreit Sie, weil Sie sich plötzlich nicht mehr damit in Ihrem Inneren auseinandersetzen müssen. Sie haben sie akzeptiert, sind eins geworden mit ihnen. Ich habe ein Gedicht mit dem Titel »Keine Hoffnung« geschrieben - es ist ein sehr langes Gedicht. Für mich ist der Text voller Frohsinn, weil ich durch meine Fähigkeit zu schreiben aus der Verzweiflung und Leere herausgefunden und mich wieder lebendig und stark gefühlt habe. Aber wenn ich das Gedicht vorlese, lautet der übliche Kommentar: »Wie traurig!« Ich versuche das dann zu erklären, aber niemand versteht mich.

Vergessen Sie nie, dass das Gedicht nicht Sie sind. Die Leute reagieren ohnehin, wie sie wollen, und falls Sie Gedichte schreiben, gewöhnen Sie sich besser daran, gar keine Reaktion zu erhalten.

Aber was soll's. Die Kraft liegt im Akt des Schreibens. Und darauf sollten Sie immer wieder zurückkommen. Lassen Sie sich nicht von der Bewunderung anderer für Ihre Gedichte beeindrucken. Natürlich tut es gut. Aber dann wird Ihr Publikum verlangen, dass Sie immer wieder dieselben Gedichte vortragen, bis Sie sie gründlich satt haben. Schreiben Sie gute Gedichte und lassen Sie sie dann los. Veröffentlichen Sie sie, lesen Sie sie vor und schreiben Sie neue.

Ich weiß noch, wie Galway Kinnells wunderbares *Book of Nightmares* herauskam. Es war ein Donnerstagnachmittag in Ann Arbor. Ich hatte noch nie von ihm gehört. Er sang seine Gedichte förmlich; sie waren auch für ihn etwas Neues und Aufregendes, und der Funke sprang über. Sechs Jahre später hörte ich ihn erneut in Santa Fé, New Mexico, vortragen. Er hatte sein Buch in den vergangenen sechs Jahren so oft gelesen, dass er es Leid war. Er rasselte die Gedichte herunter, legte das Buch ab und fragte: »Wo findet die Party statt?« Es ging nichts Beängstigendes mehr von ihm aus. Die Luft war nicht länger elektrisch geladen.

Es ist sehr schmerzlich, mit seiner Lyrik identifiziert zu werden, zu viel Anerkennung für eine bestimmte Phase der eigenen Entwicklung zu bekommen. Das Leben ereignet sich während des Schreibens, endloses Wiederholen ist kontraproduktiv. Wir brauchen ständig neue Erkenntnisse, neue Visionen. Wir existieren nicht in starren Formen. Es gibt keine ewige Wahrheit, die Sie in einem Gedicht einfangen können, so dass es Sie für immer zufrieden stellt. Identifizieren Sie sich nicht zu sehr mit Ihrer Arbeit. Bleiben Sie beweglich hinter den Wörtern, die schwarz auf weiß zu lesen sind. Diese Worte sind nicht Sie. Sie gehörten einem großartigen Augenblick, der Sie durchdrungen hat. Einem Augenblick, in dem Sie wach genug waren, ihn in Worte zu fassen.

## Mann verspeist Auto

Vor einigen Jahren wurde in einer Zeitung über einen indischen Yogi berichtet, der ein Auto gegessen hat. Es aß es nicht auf einmal, sondern ließ sich ein Jahr Zeit damit. Solche Geschichten gefallen mir. Wie viel hat er zugenommen? Wie alt war er? Hatte er noch alle seine Zähne? Hat er auch den Vergaser, das Lenkrad, das Radio mitgegessen? Um welche Automarke handelte es sich? Hat er das Motoröl getrunken?

Ich erzählte diese Geschichte einer Schülergruppe in Owatonna, Minnesota. Die Schüler saßen vor mir auf einem blauen Teppich. Sie sahen mich entgeistert an und stellten die naheliegendste Frage: »Warum hat er das getan?« Aber da war ein Junge mit braunen Augen – er wird für immer mein Freund bleiben –, der mich nur ansah und plötzlich in schallendes Gelächter ausbrach. Auch ich musste lachen. So eine herrliche Geschichte! Ein Mann verspeist ein Auto. Darin ist nirgendwo Vernunft oder Logik zu entdecken. Es ist einfach absurd.

In gewissem Sinn sollten wir uns die Absurdität für unsere Arbeit zu Eigen machen. Wir sollten nicht nach dem Warum fragen, nicht wählerisch die feinste Praline (oder Zündkerze) herauspicken, sondern unseren Geist mit allem füttern, um es anschließend energiegeladen aufs Papier zu spucken. Wir sollten nicht denken: »Dies ist ein gutes Thema« oder »Darüber sollte man wohl nicht schreiben«. Schreiben ist alles, ist bedingungslos. Es gibt keine Trennung zwischen Schreiben, Geist und Leben. Wenn der Rahmen, in dem Sie denken, so groß ist, dass Menschen darin Autos verspeisen, werden Sie auch entdecken, dass Mücken Elefanten und Männer Frauen sind. Sie werden in der Lage sein, die Transparenz äußerer Formen zu erkennen, die sämtliche Trennungen aufhebt.

Das ist es, woraus eine Metapher besteht. Eine Metapher sagt nicht, dass eine Mücke *wie* ein Elefant ist, obwohl beide lebende Wesen sind. Nein, eine Metapher behauptet, eine Mücke *sei* ein Elefant! Natürlich sagt mir meine Vernunft, dass es zwischen den beiden durchaus einen Unterschied gibt. Wenn Sie mir einen Elefanten und eine Mücke nebeneinander präsentieren, werde ich mit der Identifikation vermutlich jedes Mal richtig liegen. Folglich muss die Metapher aus einer anderen, nicht der logischen, intelligenten Ecke des Verstandes kommen. Nur ein ausgesprochen couragierter Teil Ihres Geistes ist in der Lage, die festgelegten Bahnen der Wahrnehmung zu verlassen und sich so weit zu öffnen, dass er die Einheit von Mücke und Elefant erkennen kann.

Aber Metaphern sollten Ihnen keine Sorgen bereiten. Hüten Sie sich vor dem Gedanken, Sie müssten Metaphern finden, um literarisch zu klingen. Zu allererst sollen Sie gar nicht literarisch klingen. Metaphern können nicht erzwungen werden. Wenn Sie in dem Moment, in dem Sie schreiben, wirklich daran glauben, dass Mücke und Elefant eins *sind*, klingt die Metapher ohnehin falsch. Falls Sie tief in Ihrem Inneren jedoch daran glauben, kann man Sie immer noch für verrückt halten – aber lieber verrückt genannt werden, als falsch klingen. Nur: Wie bringt man den Geist dazu, es zu glauben und Metaphern zu schreiben?

Versuchen Sie gar nicht erst, Ihren Geist dazu zu *bringen*, etwas zu tun. Treten Sie einfach zur Seite und notieren Sie Ihre Gedanken, wie sie kommen. Schreibtraining macht Herz und Verstand durchlässiger, hilft uns, flexibel zu bleiben, so dass starre Unterscheidungen zwischen Äpfeln und Milch, Tigern und Sellerie verschwinden. Wir können Monde durchdringen und einen Bären entdecken. Natürlich werden Sie große Sprünge machen, wenn Sie Ihren Gedanken folgen, denn der Geist ist spontan und liebt Querverbindungen und große Sprünge. Das wissen Sie natürlich. Haben Sie es je geschafft, über eine lange Zeit nur einen einzigen Gedanken zu verfolgen? Nein. Sehr bald tauchen andere auf.

Ihr Geist ist sprunghaft, Sie werden sprunghaft schreiben, dafür wird es sich nicht künstlich anhören. Es wird das Wesen Ihrer Erstgedanken widerspiegeln – das Bild der Welt, wie wir es sehen, wenn wir frei von Vorurteilen sind und die ihr zu Grunde liegenden Prinzipien entdecken. Alles steht in einem Zusammenhang. Metaphern drücken dies aus und sind somit religiös. Es gibt keine Trennung zwischen Mücken und Elefanten. Die Umrisse verschwimmen und verschwinden, als ob wir durch einen dichten Regenschleier blicken oder im grellen Licht der Straßenlaternen mit den Augen blinzeln.

## Schreiben ist kein Fastfood

Manchmal habe ich einen Schüler, der von Anfang an sehr gut ist. Einer wird mir wohl ewig in Erinnerung bleiben. Die Luft war elektrisch geladen, wenn er las, und oft zitterte er dabei. Der Prozess des Schreibens brach ihn auf; er konnte über seine Erlebnisse in einer psychiatrischen Klinik als 14-jähriger schreiben, wie er auf einem LSD-Trip durch die Straßen von Minneapolis gewandert war, wie er in San Francisco neben seinem toten Bruder gewacht hatte. Er sagte, er habe schon seit Jahren schreiben wollen, habe immer schon zu hören bekommen, er müsse unbedingt Schriftsteller werden, aber es sei ihm bisher nicht gelungen, die Worte mit seinen Gefühlen oder dem jeweiligen Erlebnis in Einklang zu bringen.

Es lag daran, dass er wusste, was er sagen wollte, bevor er sich mit dem Stift in der Hand hinsetzte. Natürlich können Sie so beginnen. Aber die Art, wie Sie diese Idee formulieren wollen, muss in Ihnen entwickelt und dann zu Papier gebracht werden. Halten Sie sich nicht zurück; erlauben Sie dem Thema hervorzukommen, wie es will, ohne es zu kontrollieren. Ja, Erfahrungen, Erinnerungen und Gefühle sind in uns, aber wir können sie nicht als Ganzes hervorholen, wie ein Koch eine Pizza aus dem Ofen holt.

Machen Sie sich beim Schreiben frei und beginnen Sie mit schlichten Worten auszudrücken, was in Ihnen ist. Der Anfang wird nicht leicht sein. Sie wollen sich entblößen. Sie legen Ihr Leben offen und zwar nicht, wie Ihr Ego Sie gern darstellen möchte, sondern so, wie Sie wirklich sind - als menschliches Wesen. Deshalb halte ich Schreiben für etwas Religiöses. Es öffnet Sie und macht Sie empfänglich für die Welt, in der wir leben.

Wenn ich heute reizbar bin, unzufrieden, pessimistisch, negativ, mich ganz allgemein miserabel fühle, dann kann ich dies als Emotion identifizieren. Und ich weiß, dass diese Emotion sich ändern kann. Ich weiß, dass das Gefühl eine Form der Energie ist, die danach strebt, in dieser Welt einen Platz und Freunde zu finden.

Natürlich kann man Themen im Sinn haben, über die man schreiben möchte - »Ich möchte über meinen Bruder schreiben, der in San Diego gestorben ist« -, aber nähern Sie sich diesem Thema nicht nur über die Idee und Ihren Verstand, sondern mit dem ganzen Körper: mit Ihrem Herzen, Ihren Eingeweiden, Ihren Armen. Beginnen Sie auf so schlichte Art zu schreiben, wie ein Tier seine Klage herausschreien würde, denn in dieser Ursprünglichkeit werden Sie Ihre Intelligenz, Ihre Worte und Ihre Stimme finden.

Ich höre oft Leute sagen: »Ich bin irgendwo herumgelaufen (oder gefahren oder gejoggt) und hatte ein komplettes Gedicht im Kopf, aber als ich mich dann zum Schreiben hingesetzt habe, konnte ich es nicht mehr zusammenbringen.« So geht es mir auch meistens. Vergessen Sie den Spaziergang, die Fahrt und das Gedicht, das dabei entstanden ist. Das war ein anderer Augenblick. Schreiben Sie ein neues Gedicht. Insgeheim hoffen Sie natürlich, dass etwas von den Gedanken, die Sie kurz zuvor hatten, zurückkehrt, aber lassen Sie es fließen, wie auch immer es auftaucht. Erzwingen Sie nichts.

Der Schüler, von dem ich vorher gesprochen habe, war so begeistert vom Schreiben, dass er augenblicklich versuchte, einen kompletten Roman zu verfassen. Ich riet ihm: »Geh es langsam an. Schreib einfach mal eine Weile. Lerne zuerst, worum es geht.« Schreiben braucht ein Leben und sehr, sehr viel Übung. Ich konnte seine Ungeduld verstehen. Wir alle möchten etwas Sinnvolles tun, ankommen, etwas erreichen - »Ich schreibe ein Buch!«

Geben Sie sich genügend Raum, bevor Sie sich an den dicken Wälzer wagen. Lernen Sie zuerst, der Kraft Ihrer Stimme zu vertrauen. Daraus entwickelt sich ganz selbstverständlich eine Richtung, die Sie einschlagen werden, unabhängig von Ihrem Wunsch, in dieser Welt etwas zu erreichen. Schreiben ist kein Fastfood. Die Zubereitung nimmt viel Zeit in Anspruch, und Sie können am Anfang nicht sicher sein, was daraus wird.

## Themen, die Sie nicht loslassen

Hin und wieder mache ich eine Liste meiner Obsessionen. Manche haben sich verändert, aber es sind werden immer mehr. Und manche sind glücklicherweise nicht mehr aktuell.

Schriftsteller schreiben eigentlich immer über ihre Obsessionen. Dinge, die sie quälen, Dinge, die sie nicht vergessen können, Geschichten, die sie mit sich herumschleppen und die hervorkommen möchten.

Ich halte die Teilnehmer meiner Schreibgruppen immer dazu an, sich eine Liste ihrer Obsessionen zu machen, so dass sie erkennen, mit welchen Gedanken sie sich bewusst oder unbewusst täglich beschäftigen. Sobald Sie sie niedergeschrieben haben, können Sie sie auch nutzen. Sie haben nämlich plötzlich eine Liste von Themen, über die Sie schreiben können. Und Ihre großen Obsessionen haben Macht; sie werden immer wieder zu Ihnen zurückkommen. Und Sie werden immer neue Geschichten zu diesen Themen verfassen. Bekennen Sie sich zu ihnen. Sie werden ohnehin Ihr ganzes Leben bestimmen, warum sollten sie Ihnen nicht nützlich sein?

Was mich immer wieder beschäftigt, ist meine jüdische Familie. Natürlich denke ich oft, dass ich inzwischen genug über sie geschrieben habe. Es gibt andere Dinge auf dieser Welt, die wert sind, dass man über sie schreibt.

Es stimmt - es *gibt* andere Dinge, und die tauchen natürlich auch immer wieder in meinem Bewusstsein auf. Aber sobald ich die bewusste Entscheidung getroffen habe, nicht über meine Familie zu schreiben, verwende ich so viel Energie darauf, dieses Thema zu unterdrücken, dass alles andere ebenfalls unterdrückt wird.

Es ist so, als wenn ich mich entscheide, eine Diät zu machen. Sobald ich den Entschluss gefasst habe, scheint Essen zur wichtigsten Sache der Welt zu werden. Ob ich mich ins Auto setze, einmal um den Block laufe oder Tagebuch schreibe – alles dient plötzlich nur noch einem Zweck, dem Essen auszuweichen. Für mich ist es besser, wenn ich Nahrung und Hunger ihren selbstverständlichen Platz gebe, damit ich nicht heißhungrig und selbstzerstörerisch über eine ganze Packung Schokokekse herfalle.

So ist es auch mit dem Schreiben über meine Familie. Ich überlasse ihr ein paar Seiten, um meine Obsession zu befriedigen, und wende mich dann anderen Themen zu. Wenn ich sie dagegen unterdrücke, taucht sie in jedem Zweizeiler auf, den ich schreibe, so dass selbst eine Farmersfrau in Iowa plötzlich so klingt, als wollte sie gleich Matze backen.

Ein Ex-Alkoholiker erzählte mir einmal, dass Trinker auf jeder Party genau wissen, wo der Stoff ist, wie viel es gibt, wie viel sie selbst getrunken haben und wo sie den nächsten Drink herbekommen. Ich trinke nicht besonders gern, bin aber süchtig nach Schokolade. Nachdem ich von diesem Alkoholikerverhalten erfahren hatte, begann ich, mich selbst zu beobachten. Am nächsten Tag besuchte ich einen Freund. Sein Wohnungsgenosse buk gerade Brownies. Wir wollten ins Kino und mussten fort, bevor die Brownies fertig waren. Während des ganzen Films kehrten meine Gedanken immer wieder zu diesen Brownies zurück. Ich konnte es kaum erwarten, zu gehen und davon zu essen. Als der Film vorüber war, trafen wir draußen zufällig ein paar Freunde, die uns vorschlugen, noch irgendwo hinzugehen. Ich geriet förmlich in Panik: Ich wollte unbedingt an diese Brownies herankommen. Ich erfand sogar rasch eine Ausrede, warum wir gleich zu meinem Freund zurückkehren mussten und danach erst die Freunde treffen konnten.

Unser Leben ist von Zwängen bestimmt. Oder vielleicht nur meines. Aber Obsessionen haben tatsächlich große Macht. Steuern Sie diese Kraft für Ihre Zwecke. Die meisten meiner Freunde sind vom Schreiben besessen. Und das ist so wie die Abhängigkeit von Schokolade. Wir haben ständig das Gefühl, schreiben zu müssen, was immer wir gerade tun. Ein Künstler fühlt sich nur dann frei, wenn er sich mit seiner Kunst beschäftigen kann. Aber sicher ist es gesünder, sich seiner Kunst zu widmen als sich zu betrinken oder mit Schokolade vollzustopfen. Manchmal frage ich mich, ob Schriftsteller, die Alkoholiker sind, deshalb trinken, weil sie nicht genug schreiben oder Probleme mit dem Schreiben haben. Dass sie nicht deshalb trinken, weil sie Schriftsteller sind, sondern weil sie Schriftsteller sind, die nicht schreiben.

Schriftsteller zu sein und zu schreiben bedeutet Freiheit: Man erfüllt seine Funktion. Früher glaubte ich, Freiheit bedeute tun zu können, was immer man möchte. Aber es bedeutet, zu wissen, wer man ist, was man auf dieser Welt tun sollte ... und es eben einfach zu tun. Von diesem Weg darf man sich nicht abbringen lassen. Zwingen Sie sich nicht, das Thema Ihrer jüdischen Familie aufzugeben, wenn es die Aufgabe Ihres Lebens ist, Ihre Geschichte aufzuschreiben und zu dokumentieren, wie Ihr Dasein damals in Brooklyn, auf Long Island und in Miami war. Schreiben Sie, bevor die Erinnerung verblasst und vergeht.

Katagiri Roshi sagt es so: »Arme Künstler. Sie leiden sehr. Sie bringen ein Meisterwerk zu Ende und sind nicht zufrieden. Sie wollen weitermachen und das nächste erschaffen.« Das mag sein, aber es ist besser weiterzumachen und das nächste zu erschaffen, als sich zu betrinken oder ein Pfund Schokolade zu vernaschen und fett zu werden.

Daher sind wohl nicht alle Obsessionen negativ. Vom Frieden besessen zu sein, ist etwas Gutes. Aber dann seien Sie selbst auch friedlich. Denken Sie nicht nur daran. Vom Schreiben besessen zu sein, ist etwas Gutes. Aber dann schreiben Sie. Fangen Sie nicht stattdessen an zu trinken. Von Schokolade besessen zu sein, ist nicht gut. Ich weiß. Es ist auf Dauer ungesund und bringt der Welt nichts. Jedenfalls nicht in dem Maß, wie Frieden und Schreiben es tun.

Carolyn Forché, eine Dichterin, die den Lamont Poetry Award für *Was du gehört hast, ist die Wahrheit* - Gedichte über El Salvador - bekommen hat, sagt: »Man muss seine innerste Besessenheit umformen, um ein politischer Schriftsteller zu werden.« Das erscheint mir logisch. Man kann nicht über politische Themen schreiben, nur weil man *denkt*, man müsste es tun. Das Ergebnis würde falsch und holprig klingen. Interessieren Sie sich für Politik, lesen Sie, reden Sie darüber, und überlegen Sie nicht, wie es sich auf Ihre Arbeit auswirkt. Wenn Politik zu einer Obsession wird, werden Sie ganz von selbst darüber schreiben.

## Die Liebe zum Detail

Auch wenn dies ein kurzes Kapitel ist, so ist es doch ein sehr wichtiges: Verwenden Sie lebensechte Details. Das Leben ist so vielfältig, dass Sie kaum etwas anderes brauchen, wenn Sie beschreiben, was Sie gesehen und erlebt haben. Selbst wenn Sie die geschrubbten Holztische, die lange schwarze Bar und die hochnäsigen Kellner der Szene-Bar Ihrer Stadt in ein anderes Land und eine andere Zeit verpflanzen, wird die Story Authentizität und Echtheit erlangen. »Aber die Bar befand sich auf Long Island, ich kann sie unmöglich nach New Jersey verlegen!« - Oh doch, Sie können. Die authentischen Details wirken auch in einem anderen Rahmen. Sie dort einzubauen, wo Sie sie hinhaben wollen, verleiht Ihren Worten Glaubhaftigkeit und Wahrheit. Darauf können Sie aufbauen.

Natürlich nur, wenn die Bedingungen stimmen. Klar, dass Sie Ihre Erlebnisse aus New Orleans in der Augusthitze nicht in eine Geschichte verpflanzen können, die an einem Januarabend in Cleveland spielt. Es sei denn, Sie möchten sich auf die surrealistische Ebene begeben, wo alle Grenzen verfließen.

Bleiben Sie aufgeschlossen und wach für die Einzelheiten, die Sie umgeben, aber suchen Sie nicht zwanghaft. »Okay. Ich bin auf einer Hochzeit. Die Braut trägt Blau, der Bräutigam eine rote Nelke. Es gibt gehackte Leber garniert mit Petersilie.« Entspannen Sie sich, genießen Sie die Hochzeit und seien Sie mit allen Sinnen und von ganzem Herzen anwesend. Dass Sie Ihre Umgebung wahrnehmen, geschieht von selbst. Später, an Ihrem Schreibtisch, werden Sie sich mühelos in Erinnerung zurückrufen können, wie Sie mit der rothaarigen Brautmutter getanzt, ihren Geruch aus Schweiß und Parfüm wahrgenommen und versucht haben, nicht ständig auf ihren Schneidezahn mit dem verschmierten Lippenstift zu blicken, wenn sie lächelte.

## Die Kraft des Details

Ich bin in Costa's Chocolate Shop in Owatonna, Minnesota. Meine Freundin sitzt mir gegenüber. Wir haben unseren griechischen Salat aufgegessen und schreiben beide in unsere Hefte. Zwischen uns stehen Wassergläser, eine halbleere Cola und eine Tasse Milchkaffee. Die Bänke sind orange, und an der vorderen Theke türmen sich Schokosahnebonbons. Auf der anderen Straßenseite liegt die Bank von Owatonna, entworfen von Louis Sullivan, Frank Lloyds Lehrer. Im Inneren der Bank ist ein großes Wandgemälde mit Kühen und wunderschöne Buntglasfenster.

Unser Leben ist beides: gewöhnlich und geheimnisvoll. Wir leben und sterben, altern in Schönheit oder mit vielen Falten. Wir wachen morgens auf, kaufen Brötchen und hoffen, dass wir genügend Geld haben, um sie zu bezahlen. Und gleichzeitig besitzen wir dieses fantastische Organ genannt Herz, das uns pulsierend durch alle Kümmernisse und finsteren Jahreszeiten bringt, die wir auf dieser Erde erleben. Wir sind wichtig und unser Leben ist wichtig - sogar großartig -, seine Einzelheiten sind es wert, aufgeschrieben zu werden. So sollten Schriftsteller denken, mit diesem Gedanken sollten sie sich an die Arbeit machen. Wir waren hier, wir sind menschliche Wesen, so haben wir gelebt. Die Erde ist an uns vorübergezogen, und wir müssen davon erzählen. Unsere Geschichte ist wichtig. Wenn nicht, könnten wir auch eine Bombe in unserer Mitte hochgehen lassen - es wäre egal.

Yad Vashem, das Holocaust-Denkmal in Jerusalem, besteht aus einer Bibliothek, in der die Namen von sechs Millionen Märtyrern eingetragen sind. Und nicht nur ihre Namen, sondern auch, wo sie lebten, wo sie geboren wurden und alle biografischen Daten, die man über sie finden konnte. Diese Menschen haben existiert, ihr Leben hatte eine Bedeutung. *Yad Vashem* bedeutet »Denkmal der

Namen«. Es war keine namenlose Menge, die ermordet worden ist – es waren Menschen.

Ein ähnliches Denkmal, das Vietnam Memorial, befindet sich in Washington D.C. Hier sind die Namen der fünfzigtausend amerikanischen Soldaten aufgeführt, die in Vietnam gefallen sind. Reale, menschliche Wesen, die getötet wurden, deren Atem diese Erde verlassen hat. Unter ihnen auch Donald Miller, ein Freund aus der Schulzeit, der die Ränder seines Mathehefts immer mit Zeichnungen von Panzern, Soldaten und Kriegsschiffen verzierte. Ihre Namen zu lesen, bewahrt die Erinnerung an diese Menschen. Wir tragen unseren Namen unser ganzes Leben und wir reagieren, wenn man ihn ruft, ob in einem Klassenzimmer, bei einer Abschlussfeier oder als ein Flüstern mitten in der Nacht.

Es ist wichtig zu sagen, wie wir heißen, wo wir gelebt haben und *wie* wir gelebt haben. In allen Einzelheiten. »Ich wohnte in der Coal Street in Albuquerque neben einer Werkstatt und schleppte den Einkauf in braunen Papiertüten die Lead Avenue entlang nach Hause. Jemand hatte schon früh im Jahr Rote Beete gepflanzt, und ich betrachtete im Vorübergehen ihre rot-grünen Blätter.«

Wir haben gelebt; jeder Augenblick ist wichtig. Das ist die Aufgabe des Schriftstellers, Übermittler der Einzelheiten zu sein, die die Geschichte ausmachen, auch sich an die orangefarbenen Bänke des Coffeeshops in Owatonna zu erinnern.

Indem wir Details aus unserem Leben dokumentieren, setzen wir ein Zeichen gegen Bomben und Massentötung, gegen zu hohe Geschwindigkeit und zu große Effizienz. Ein Schriftsteller muss das Leben und alles, was dazugehört, bejahen: Das Wasserglas, die Ketchup-Flasche auf der Theke, den Zuckerstreuer auf dem Tisch. Es ist nicht die Aufgabe des Schriftstellers zu sagen: »Es ist langweilig, in einer Kleinstadt zu leben, oder dumm, in einem Bistro zu essen, wenn man zu Hause makrobiotisch kochen kann.« Unsere Aufgabe ist es, »Ja« zu sagen zur Wahrheit des Lebens, wie sie existiert. Ein Ja zu dem, was wir sind und was uns umgibt: zu den etlichen Pfunden Übergewicht, dem Weihnachtskitsch im Schaufenster, der grauen, kalten Straße, der jüdischen Schriftstellerin in der orangefarbenen Sitzecke und ihrer blonden Freundin, deren Kinder farbig sind. Wir müssen lernen, die Dinge zu akzeptieren, wie sie sind, müssen Einzelheiten wichtig nehmen. Wir müssen mit einem Ja auf unseren Lippen vortreten, damit es kein Nein mehr auf dieser Welt geben kann - kein Nein mehr, das Leben auslöscht und die wichtigen Einzelheiten für wertlos hält.

## Kuchen backen

Wenn Sie einen Kuchen backen wollen, brauchen Sie Zutaten: Zucker, Mehl, Butter, Backpulver, Eier, Milch. Sie geben sie in eine Schüssel und vermischen sie, aber das macht noch keinen Kuchen, sondern nur eine mehr oder weniger zähe Masse. Man muss ihn in den Ofen schieben, Wärme oder Energie hinzufügen, damit er sich in einen Kuchen verwandelt, der dann keine Ähnlichkeit mehr mit den verschiedenen Zutaten hat. Ein bisschen wie die Eltern aus den 60er-Jahren, die ihre Hippie-Kids nicht mehr als ihre eigenen erkennen konnten: Milch und Eier blicken entgeistert auf den Kuchen und behaupten: »Der gehört nicht zu uns.« Nicht Eier, nicht Milch, sondern Dr. phil., Tochter von Flüchtlingseltern, eine Fremde in ihrem Haus.

In gewissen Sinn passt dieser Vergleich auch zum Schreiben. Die Zutaten sind da, die Bestandteile und Einzelheiten Ihres Lebens, aber es reicht nicht, sie lediglich zu notieren. »Ich wurde in Brooklyn geboren. Ich habe Mutter und Vater. Ich bin weiblich.« Sie müssen die Wärme, die Energie Ihres Herzen hinzufügen. Dies ist nicht irgendein Vater - es ist *Ihr* Vater. Der Mensch, der Zigarren rauchte und immer zuviel Ketchup auf sein Steak tat, den, den Sie geliebt und gehasst haben. Sie können die Zutaten nicht einfach nur in eine Schüssel geben und umrühren - daraus entsteht kein Leben. Sie müssen eins werden mit den Details, sie müssen ein Teil Ihres Körpers werden. Nabokov sagte: »Liebkose die göttlichen Details«. Er sagte nicht: »Rück' sie zurecht oder schubs sie herum.« Liebkosen, berühren Sie sie zärtlich. Sorgen Sie sich um sie. Tauchen Sie mit Ihrem ganzen Körper in den Fluss ein, über den Sie schreiben, so dass Ihr ganzes Ich es fühlt, wenn Sie ihn eine gelbe, zähe Brühe oder einen reißenden Strom nennen. Es sollte keine Trennung zwischen Ihnen und dem Geschriebenen geben. Katagiri Roshi sagt:

»Wenn du *Zazen* (sitzende Meditation) machst, dann solltest du selbst nicht mehr anwesend sein. Du wirst zu *Zazen.* Und bist nicht mehr Steve oder Barbara.« So sollte es auch sein, wenn Sie schreiben - das Schreiben schreibt. Sie selbst verschwinden: Sie notieren nur die Gedanken, die durch Sie hindurchströmen.

Der Kuchen bäckt im Ofen. Die ganze Hitze wird auf diesen Kuchen verwandt. Die Hitze lässt sich nicht ablenken und überlegt, dass sie eigentlich viel lieber einen Schokoladenkuchen gebacken hätte. Und Sie denken nicht: »Oh, ich mag mein Leben nicht. Ich wäre lieber in Illinois geboren worden.« *Sie denken nicht.* Sie akzeptieren, was ist, und bringen die Wahrheit zu Papier. Katagiri Roshi meinte: »Die Literatur kann dir sagen, was das Leben ist, aber sie kann dir nicht sagen, wie man sich daraus davonstiehlt.«

Öfen können manchmal ziemlich schwierig sein, und es kann vorkommen, dass Sie zuerst Methoden finden müssen, um die Hitze zu entfachen. Sich ein bestimmtes Pensum vorzunehmen, erhöht den Druck und hilft dabei, das Feuer zu schüren, so dass der innere Zensor zurückschreckt. Wenn Sie Ihre Hand in Bewegung halten und keine Pause machen, kann aus den Zutaten Ihres täglichen Lebens ein prächtiger Kuchen aufgehen. Falls Sie sich dabei ertappen, während des Schreibens zu oft auf die Uhr zu sehen, nehmen Sie sich vor, in jedem Fall drei oder vier oder fünf Seiten, beidseitig, zu schreiben, oder bis der Kuchen fertig ist, egal wie lange es dauert. Aber Sie können nie sicher sein, wenn Sie die Hitze aufdrehen, ob der Kuchen am Ende nun teuflisch gewürzt oder himmlisch süß sein wird. Es gibt keine Garantien, aber machen Sie sich keine Sorgen: Beides lässt sich gut essen.

Es gibt Menschen, die für ihren Kuchen nur Hitze und keine Zutaten verwenden wollen. Die Hitze ist heimelig, fühlt sich gut an, aber wenn sie fertig sind, haben sie so gut wie nichts anzubieten. Abstraktes Schreiben ist gewöhnlich genau das: Wir bekommen ein Gefühl für die wunderbare Hitze, aber wir haben nichts, in das wir hineinbeißen können. Wenn Sie Details verwenden, sind Sie besser ausgerüstet, Ihre Sorgen oder Freuden zu übermitteln. Geben Sie also Ihren Teig in die Form, schieben Sie ihn in den Ofen und geben Sie uns die Chance, zum Gourmet zu werden und genau zu bestimmen, wie das Gefühl schmeckt: »Oh, hier haben wir einen Früchtekuchen, einen Brownie, eine Zitronenrolle.« So also hat sie empfunden. Sie wollen doch nicht ernsthaft nur hören, dass es toll war, oder? Toll - na, schön. Aber *wie* toll? Lassen Sie es uns *schmecken.* Mit anderen Worten: Verwenden Sie Details. Sie sind die Grundeinheit des Schreibens.

Und indem Sie sie verwenden, tun Sie mehr als nur in der Küche herumwerkeln und Kuchen zu backen. Indem Sie mit Details arbeiten, treten Sie der Welt gegenüber. Das ist ein zutiefst politischer Akt, weil Sie nicht mehr nur in der Hitze Ihrer eigenen Emotionen schwelgen, sondern den Hungernden gutes, nahrhaftes Brot anbieten.

# Zwei Leben

Schriftsteller leben zweimal. Sie leben ihr Alltagsleben, gehen wie jeder andere in den Supermarkt, überqueren die Straße, ziehen sich morgens nach dem Aufstehen an. Sie haben aber noch ein zweites Ich, eines, das sie gut erzogen haben. Eines, das alles ein zweites Mal erlebt. Es setzt sich hin und betrachtet das Leben erneut. Sieht sich die Beschaffenheit, die Materie und die Einzelheiten an.

Bei einem Platzregen läuft plötzlich alles mit Schirm, Hut oder einer Zeitung auf dem Kopf die Straße entlang, um so rasch wie möglich ins Trockene zu kommen. Schriftsteller kehren mit Block und Stift bewaffnet wieder zurück in den Regen. Sie betrachten die Pfützen, sehen zu, wie die Regentropfen hineinplatschen. Man könnte sagen, ein Schriftsteller übt sich in Unvernunft. Nur ein Narr würde draußen im Regen stehen und eine Pfütze beobachten. Wenn Sie klug sind, beeilen Sie sich, vor dem Regen zu flüchten, bevor Sie sich erkälten. Wenn Sie klug sind, haben Sie für den Fall, dass Sie krank werden, eine Krankenversicherung. Nur ein Narr ist stärker an einer Pfütze interessiert, als an seiner Gesundheit, Versicherung oder daran, pünktlich zur Arbeit zu kommen.

Schließlich sind Schriftsteller mehr daran interessiert, das Leben zweimal zu leben, als Geld zu verdienen. Nicht, dass wir uns missverstehen: Schriftsteller haben durchaus etwas für Geld übrig; Künstler essen nämlich, entgegen der allgemeinen Auffassung, recht gern. Aber Geld ist einfach nicht das wichtigste. Ich fühle mich sehr reich, wenn ich Zeit zum Schreiben habe, dagegen ziemlich arm, wenn ich zwar regelmäßig ein Gehalt bekomme, aber kaum mehr Zeit übrig habe, mich an meine wirkliche Arbeit zu machen. Denken Sie einmal darüber nach. Arbeitgeber bezahlen für Ihre Zeit. Arbeitszeit ist das Gut, das ein Arbeitnehmer vermarkten kann. Wir tauschen Zeit unseres Lebens für Geld. Schriftsteller betrachten ihre Zeit als wertvoll, noch bevor sie Geld dafür bekommen haben. Sie klammern sich an diesen wertvollen Besitz und lassen ihn sich nicht so leicht abkaufen. Es ist, als ob Sie Land geerbt hätten; Land, das schon immer im Besitz Ihrer Familie war. Nun kommt jemand, der es kaufen möchte. Schriftsteller, die klug sind, werden nicht viel davon veräußern. Sie wissen, dass sie sich ein zweites Auto leisten können, wenn sie verkaufen, aber keinen Ort mehr hätten, an dem sie zur Ruhe kommen und träumen können.

Es ist also gut, ein wenig einfältig zu sein, wenn Sie schreiben wollen. Pflegen Sie diese Person in sich, die Zeit braucht; sie hält Sie davon ab, sich zu verkaufen. Diese Person braucht einen Ort, zu dem sie gehen kann. Sie verlangt danach, im Regen zu stehen, in Pfützen zu starren und die Tropfen auf der Kopfhaut zu spüren.

## Schreiben hält fit

Viele Menschen sind sich nicht bewusst, dass Schreiben ein körperlicher Prozess ist. Es geht dabei nicht allein um Gedanken. Es geht um Sehen, Riechen, Schmecken, Fühlen, um Lebendigsein und Aktivität. Die Regel für alle Schreibübungen »Halten Sie die Hand in Bewegung« und der Rat, auf keinen Fall aufzuhören, sind Methoden, durch physische Aktivität Ihren mentalen Widerstand zu durchbrechen und die Vorstellung zu überwinden, dass Schreiben ausschließlich mit Einfällen und Gedanken zu tun hat. Sie sind körperlich mit dem Stift verbunden, und ihre Hand am Ende Ihres Armes bringt die Erinnerungen Ihrer Sinne zu Papier. Es gibt keine Trennung von Körper und Geist; Sie können also durch den körperlichen Akt des Schreibens Ihre geistigen Barrieren durchbrechen und zum Schreiben gelangen – genauso wie Sie beim Karate durch die Überzeugung, dass Ihre Hand sich nicht von harter Materie aufhalten lässt, ein Holzbrett durchschlagen können.

Einmal leitete ich einen Schreibkurs, nach dem ein Schüler mir staunend sagte: »Jetzt versteh ich's. Schreiben ist eine visuelle Kunst!« Ja, und außerdem eine, die den ganzen Körper mit einbezieht. Ich habe Schülern der vierten Stufe erzählt, dass meine Schreibhand Muhammed Ali k.o. schlagen könnte. Sie glaubten mir, weil sie die Wahrheit kannten. Schüler der sechsten Stufe sind älter und skeptischer. Ich musste es ihnen erst beweisen, indem ich meine Faust durch einen ihrer grauen Spinde rammte.

Wenn ich Leute beim Schreiben beobachte, kann ich allein an ihrer Haltung erkennen, wer den Durchbruch geschafft hat und wer nicht. Die es geschafft haben, bewegen die Kiefer, ihr Herz schlägt heftig, sie atmen tief. Ihre Handschrift ist lockerer, ausgreifender, ihre Körper sind entspannt, voller Energie. Und darum behaupte ich, dass alle Schriftsteller, ob dick, dünn oder schwabbelig, in Topform sind. Sie trainieren ständig. Vergessen Sie das nie. Sie sind fit, durchtrainiert, im Einklang mit den Hügeln oder der Schnellstraße, und sie können problemlos lange Strecken und endlose Papierkilometer bewältigen. Anmutig und geschmeidig durchwandern sie viele Welten.

Was gute Schriftsteller weitergeben, sind daher nicht nur Worte, sondern ihren Atem im Augenblick der Inspiration. Wenn Sie ein großartiges Gedicht laut lesen - zum Beispiel »An eine Lerche« von Percy Bysshe Shelley - und dabei den äußeren Aufbau und die Interpunktion berücksichtigen, spüren Sie den inspirierten Atem des Dichters, als er dieses Gedicht schrieb. Dieser Atem war so kraftvoll, dass wir ihn noch nach hundertfünfzig Jahren spüren können. Denken Sie also daran: Wenn Sie sich berauschen wollen, lassen Sie den Whisky stehen: Lesen Sie Shakespeare, Tennyson, Keats, Neruda, Hopkins, Millay, Whitman laut und lassen Sie Ihren Körper singen.

# Hören Sie zu!

Im Alter von sechs Jahren saß ich am Klavier meiner Cousine in Brooklyn, tat so, als ob ich spielte und sang lauthals dazu: »In the gloaming, oh my darling ...« Meine Cousine saß neben mir auf dem Klavierhocker und brüllte meiner Mutter zu: »Tante Sylvia, Natalie ist total unmusikalisch. Sie trifft keinen einzigen Ton!« Von diesem Moment an habe ich nie wieder gesungen und nur selten überhaupt noch Musik gehört. Wenn ich die Hits vom Broadway im Radio hörte, merkte ich mir stets nur den Text, versuchte aber niemals, die Melodie mitzusingen. Jahre später spielten meine Freundinnen und ich oft das Spiel »Wie heißt das Lied?« Wenn ich an der Reihe war, eine Melodie zu summen, brachen sie jedes Mal in lautes Gelächter aus, weil niemand fassen konnte, dass ich tatsächlich »Younger than Springtime« aus *South Pacific* gemeint hatte. So bekam ich zwar eine gewisse Aufmerksamkeit, aber nicht die, nach der ich mich wirklich sehnte; tief in meinem Inneren wäre ich gern eine zweite Gypsy Rose Lee gewesen. Immerhin kannte ich alle Texte auswendig. Doch die Welt der Musik blieb mir im Grunde genommen fremd. Ich war unmusikalisch, konnte die Töne nicht unterscheiden: Es war ein körperlicher Defekt wie das Fehlen eines Fußes oder Fingers.

Vor einigen Jahren nahm ich Gesangsunterricht bei einem Sufi-Gesanglehrer. Er erklärte mir, dass kein Mensch unmusikalisch sei. »Singen besteht zu neunzig Prozent aus Zuhören. Sie müssen lernen, wie man zuhört. Wenn Sie sich mit allen Sinnen der Musik hingeben, wird der ganze Körper davon erfüllt. Und wenn sich dann Ihr Mund öffnet, wird die Musik von selbst herauskommen.« Ein paar Wochen danach sang ich zum ersten Mal in meinem Leben mit einer Freundin im Duett. Ich war überzeugt, ich sei erleuchtet worden. Meine eigene Stimme verschwand, unsere beiden Stimmen waren zu einer geworden.

Auch das Schreiben besteht zu neunzig Prozent aus Zuhören. Hören Sie Ihrer Umgebung intensiv zu, nehmen Sie sie in sich auf, so dass sie in Sie eindringen kann. Wenn Sie sich dann zum Schreiben niedersetzen, wird sie aus Ihnen herausströmen. Wenn es Ihnen gelingt, die Wirklichkeit um Sie herum einzufangen, brauchen Sie nichts anderes mehr. Sie hören nicht nur der Person zu, die Ihnen gegenüber sitzt und spricht, Sie nehmen gleichzeitig auch die Luft, den Stuhl, die Tür wahr. Stoßen Sie diese Tür auf, um zu sehen, was dahinter ist. Nehmen Sie die Laute der Jahreszeit in sich auf, die Musik der Farben, die durchs Fenster dringen. Lauschen Sie der Vergangenheit, der Zukunft und der Gegenwart, in der Sie leben - mit Ihrem ganzen Körper, nicht nur mit den Ohren, auch mit Ihren Händen, Ihrem Gesicht und Ihrem Nacken.

Zuhören heißt aufnahmebereit zu sein. Je intensiver Sie zuhören können, um so besser schreiben Sie. Nehmen Sie die Dinge auf, ohne sie zu bewerten, so wie sie sind, und am nächsten Tag werden Sie die Wahrheit darüber schreiben, wie sie wirklich sind. Jack Kerouac riet in seinen Tipps zur Prosa: »Sei allem ergeben. Öffne dich. Lauschend.« Und weiter: »Keine Zeit für Dichtung, sondern genau das, was ist.« Wenn Sie einfangen können, wie es ist, dann ist das alle Poesie, die Sie je brauchen.

Rabbi Zalman Schachter erzählte einmal einer Schülergruppe der Lama Foundation, dass er damals in der Rabbiner-Schule keine Notizen machen durfte. Von den Studenten wurde erwartet, dass sie ausschließlich zuhörten und sich den Stoff eingeprägt hatten, sobald die Vorlesung vorüber war. Das Ziel war, dass sie sich an alles erinnern können. Wir dagegen hatten unseren Geist trainiert zu selektieren und zu unterdrücken.

Wenn in meiner Stunde etwas vorgelesen worden ist, lasse ich meine Schüler oft »wiederholen«: »Erinnert Euch so genau, wie Ihr könnt, wiederholt alles, was auf Euch Eindruck gemacht hat. Distanziert Euch nicht, indem Ihr nur sagt, *Mir gefiel die Passage über den Acker*, sondern wiederholt die Einzelheiten: *Ich fühlte mich auf diesem Acker einsamer als eine Krähe.*« Dieses nicht-wertende, intensive Zuhören macht Sie nicht nur empfänglicher, sondern lässt auch Geschichten und Bilder in Ihnen aufsteigen. Wenn Sie auf diese Art zuhören, werden Sie zu einem klaren Spiegel, der die Wirklichkeit - Ihre Wirklichkeit und die Wirklichkeit um Sie herum - reflektiert.

Wenn Sie ein guter Schriftsteller werden wollen, müssen Sie drei Dinge tun: viel lesen, gut und genau zuhören und sehr viel schreiben. Und denken Sie bitte nicht so viel dabei. Lassen Sie sich auf den glühenden Strom der Worte, der Laute und der vielfarbenen Empfindungen ein und - halten Sie Ihre Hand in Bewegung.

Wenn Sie gute Bücher lesen, werden auch gute Bücher aus Ihrer Arbeit entstehen. Vielleicht ist es nicht ganz so einfach, aber wer etwas lernen möchte, sollte es an der Quelle tun. Basho, der große Haiku-Meister aus dem 17. Jahrhundert, sagte: »Wenn du etwas über einen Baum erfahren willst, geh zum Baum.« Wenn Sie Poesie kennen lernen wollen, lesen Sie sie, hören Sie zu. Lassen Sie sich von Mustern und Formen prägen. Distanzieren Sie sich nicht von der Poesie, indem Sie versuchen, ein Gedicht logisch zu analysieren. Lassen Sie es auf Ihren ganzen Körper wirken. Dogen, ein bekannter Zen-Meister, sagte: »Wenn du im Nebel gehst, wirst du nass.« Hören Sie also einfach zu, lesen Sie, schreiben Sie. Schritt für Schritt werden Sie dem näher kommen, was Sie sagen wollen und es durch Ihre eigene Stimme ausdrücken.

Haben Sie Geduld und machen Sie sich keine Gedanken. Singen und schreiben Sie in Harmonie.

## Heiraten Sie nicht die Fliege

Beobachten Sie, wie Sie einem Text zuhören. Bei manchen Abschnitten beginnt Ihr Geist möglicherweise abzuschweifen. Wir reagieren darauf mit Erklärungen wie: »Keine Ahnung, wieso, ich glaube, das war mir zu tief empfunden« oder »Es gab einfach zuviel Beschreibungen. Ich konnte dem nicht mehr folgen.« Oft ist nicht der Zuhörer, sondern der Text das Problem.

Das ist bei Texten der Fall, wo der Schriftsteller sich in sich selbst zurückgezogen hat, in geistige Sphären abschweift und darüber gänzlich vergessen hat, in welche Richtung sich seine Geschichte bewegen sollte.

Ein Beispiel: Ein Autor schreibt eine Restaurantszene und lässt sich von der Fliege auf der Serviette ablenken. Er beginnt nun akribisch den Rücken der Fliege, ihre Träume, ihre Kindheit und ihre Flugtechnik beim Durchqueren eines Fliegenfensters zu beschreiben. Der Zuhörer oder Leser verliert den Faden, weil vor dieser Beschreibung gerade der Kellner an den Tisch gekommen war, und man eigentlich erwartet, dass nun das Essen serviert wird. Möglich ist auch, dass der Schriftsteller die Richtung, die er einschlagen will, nicht deutlich genug gemacht hat oder dass er nicht ganz bei der Sache, seinem Stoff nämlich, war. Dadurch wird der Text undeutlich. Es entsteht eine verschwommene Passage, in der die Aufmerksamkeit des Lesers nachlässt, so dass seine Gedanken sich vom Text abwenden.

Die Literatur soll Menschen aufwecken, ihr Bewusstsein ansprechen und anregen. Wenn der Schriftsteller sich ablenken lässt, wird es dem Leser ebenso gehen. Die Fliege auf der Serviette mag durchaus Teil der Restaurantbeschreibung sein. Es mag auch angebracht sein, das Sandwich genau zu beschreiben, über das die Fliege gerade läuft, aber es besteht ein Unterschied zwischen Genauigkeit und ausschweifendem Erzählen.

Bleiben Sie bei der Genauigkeit, denken Sie an Ihr Ziel und verlieren Sie es nicht aus den Augen. Wenn Sie merken, dass Sie sich davon entfernen, kehren Sie behutsam zum Ausgangspunkt zurück. Wenn wir schreiben, bieten sich viele Wege an. Entfernen Sie sich nicht zu weit von Ihrem eingeschlagenen Pfad. Bleiben Sie bei Ihrem Material und Ihrer Richtung. Selbstversunkenheit resultiert in vager, vernebelter Dichtung. Vielleicht lernen wir Ihre Fliege wirklich kennen und vergessen darüber alles andere - das Restaurant, den Regen draußen, den Freund am Tisch gegenüber. Die Fliege ist wichtig, aber an ihrem Platz. Ignorieren Sie sie nicht, aber lassen Sie sie nicht zu einer fixen Idee werden. Irving Howe schrieb in seiner Einleitung zu den *Jewish American Stories*, die beste Kunst sei beinahe sentimental, aber eben nur beinahe. Erkennen Sie die Fliege an, verlieben Sie sich meinethalben in sie, aber heiraten Sie sie nicht gleich.

## Die Sucht nach Anerkennung

Vor etwa fünf Jahren wurde eine Freundin von mir auf der Lower East Side von Manhattan überfallen. Sie erzählte mir später, dass sie ihre Arme hochgerissen und geschrien habe: »Tun Sie mir nichts, ich bin Schriftstellerin!«

»Wie seltsam«, dachte ich damals. »Wie kommt sie bloß auf die Idee, dass sie das retten könnte?«

Schriftsteller sind manchmal leicht verwirrt. Wir halten das Schreiben für unsere Daseinsberechtigung. Wir vergessen, dass das Leben keine Bedingungen stellt und dass Leben und Schreiben zwei verschiedene Dinge sind. Oft setzen wir das Schreiben als Mittel ein, um uns Aufmerksamkeit, Anerkennung oder Liebe zu verschaffen. »Seht her, was ich geschrieben habe. Ich muss ein guter Mensch sein.« Wir *sind* gute Menschen - auch wenn wir noch nie ein Wort geschrieben haben.

Vor ein paar Jahren hatte ich eine Phase, in der ich mich nach jeder Lesung einsam und leer fühlte - auch dann, wenn meine Arbeit beim Publikum gut ankam. Ich gab meinen Texten die Schuld, obwohl das Problem ein ganz anderes war. Ich steckte mitten in einem Scheidungsprozess und mein Selbstwertgefühl hatte sehr gelitten. *Ich* brauchte Hilfe - nicht meine Dichtung. Ich hatte diese beiden Dinge verwechselt. Meine Gedichte waren gesund - ich dagegen nicht. Ich brauchte dringend Fürsorge und Rückhalt. Als ich das begriffen hatte, bat ich einen Freund, bei meinen öffentlichen Auftritten mein »Date« zu spielen. Sobald ich die Lesung beendet hatte, sollte er zu mir auf die Bühne kommen. »Komm hoch, nimm mich in den Arm, sag mir, wie toll ich aussehe und wie gut ich war, selbst wenn ich total daneben war. Sag mir einfach nur, dass ich großartig war!« Ich würde meinen Auftritt eine Woche später immer noch mit kritischen Augen betrachten können. Aber an jenem

Abend wollte ich nur eins hören: »Natalie, du warst einfach klasse!« Schriftsteller suchen ständig Unterstützung. Wir sollten uns bewusst machen, dass wir bereits unterstützt werden – und zwar in jedem Augenblick unseres Lebens. Von der Erde unter unseren Füßen, von der Luft, die unsere Lungen füllt und wieder aus ihnen entweicht. Das sollten wir uns klar machen, wenn wir Unterstützung und Hilfe suchen. Da ist das Sonnenlicht, das durchs Fenster strömt und die Stille des frühen Morgens. Damit sollten wir anfangen. Dann wenden Sie sich einer Freundin zu und fühlen sich wunderbar, wenn sie Ihnen sagt, wie sehr sie Ihre Arbeit schätzt. Glauben Sie ihr, so wie sie dem Fußboden glauben, dass er Sie trägt und dem Stuhl, dass Sie auf ihm sitzen können.

Einmal schickte mir eine Schülerin zwei Kurzgeschichten, die ich lesen sollte. Eine Woche darauf hatten wir eine einstündige Besprechung. Ich hatte seit eineinhalb Jahren nicht mehr mit ihr gearbeitet und war beeindruckt von ihrer Entwicklung. »Ihre Geschichten sind überzeugend, anrührend, wunderschön«, sagte ich ihr. Nach zwanzig Minuten merkte ich, dass sie sich zu ärgern begann. »Ich finde, Sie tragen zu dick auf!« Was sie wirklich meinte, war: »Sie erfüllen Ihre Aufgabe nicht. Sie haben sich nicht die Mühe gemacht, die Storys in ihre Einzelteile zu zerlegen. Ich bin nicht hergekommen, um Komplimente zu hören. So gut können die Geschichten gar nicht sein. Sie übertreiben!« Aber ich bestand darauf: »Sie müssen mir glauben. Die Geschichten sind fantastisch. Sie sollten veröffentlicht werden.« Ich riet ihr, sie einzuschicken. Innerhalb eines Monats wurde eine der beiden Kurzgeschichten von einem sehr angesehenen Magazin veröffentlicht. Und meine Schülerin wurde nicht nur dafür bezahlt. Sie bekam auch noch ein Lob der besonderen Art: Man sagte ihr, dass man vor kurzem beschlossen habe, keine Kurzgeschichten mehr abzudrucken, aber: »Diese war so gut, dass wir eine Ausnahme machen mussten.«

Wir wünschen uns aufrichtige Unterstützung und Bestätigung. Aber wenn wir Lob bekommen, gelingt es uns selten, es einfach anzunehmen, während wir nur allzu schnell bereit sind, Kritik zu akzeptieren, da sie uns tief im Inneren in dem Glauben bestärkt, dass wir ohnehin nichts können und als Schreiber nichts taugen. Mein Ex-Mann sagte immer zu mir: »Du siehst heute wirklich scheußlich aus. Ah, jetzt, wo ich deine volle Aufmerksamkeit habe ...« Er behauptete, dass ich ihn kaum zur Kenntnis nahm, wenn er mir Komplimente machte, aber sofort aufmerkte, wenn er mich kritisierte.

Oft höre ich von Schülern: »Na ja, Sie sind die Lehrerin. Sie müssen ja etwas Positives sagen.« Von Freunden höre ich: »Na ja, du bist meine Freundin. Du hast mich ja gern.« *Stopp!* Hören Sie hin, wenn jemand Sie lobt. Werten Sie sich nicht selbst ab. Auch wenn es peinlich und beinahe quälend ist, weil Sie es nicht gewohnt sind - atmen Sie einfach weiter, hören Sie genau hin und nehmen Sie das Lob in sich auf. Spüren Sie, wie gut es tut. Lernen Sie, aufrichtige, positive Unterstützung anzunehmen.

## Wovon träumen Sie?

Einmal fragte ich die Teilnehmer meiner Sonntagabend-Schreibgruppe - einige sind schon seit drei Jahren dabei –: »Was wollt ihr eigentlich mit eurer Arbeit erreichen? Ihr alle habt eure kreative Stimme ausgebildet und ihr habt es geschafft, den Schöpfer von eurem Zensor zu trennen. Was wollt ihr nun damit machen?«

Irgendwann kommt der Zeitpunkt, der Fähigkeit, die wir uns angeeignet haben, Gestalt und Richtung zu geben. »Was sind eure heimlichen Träume? Schreibt fünf Minuten darüber.« Viele von uns kennen oder erkennen ihre heimlichen Träume nicht oder gehen ihnen unbewusst aus dem Weg. Wenn wir ohne nachzudenken fünf oder zehn Minuten ganz spontan Wünsche und Gedanken niederschreiben, die in unserem Kopf umherschweben und denen wir ansonsten kaum Aufmerksamkeit widmen, erreichen wir auch solche, die wir an den Rand unserer Wahrnehmung verdrängt haben.

Anschließend lesen Sie sie. Beginnen Sie, Ihre Wünsche und Träume ernst zu nehmen. Wenn Sie nicht sicher sind, wenn Sie wirklich keine Ahnung haben, was Sie tun möchten, dann wünschen Sie sich einen Hinweis auf die Richtung, in die Ihre Arbeit Sie führen soll.

Als ich letztes Jahr in Israel war, wanderte ich durch die Straßen von Jerusalem und dachte darüber nach, welche Form des Schreibens ich wählen könnte. Ich war gerade dabei, mein zweites Gedicht-Manuskript, *Top of My Lungs*, fertig zu stellen, und wusste, dass ich etwas Neues, eine neue Ausdrucksform brauchte. Viele Dichter in meiner Heimat schrieben nun Romane. Judith Guests Erfolg mit *Eine ganz normale Familie*, ihrem ersten Roman, spornte uns alle an. Ich fragte mich also immer wieder: »Natalie, willst du einen Roman schreiben?« Die Antwort war jedes Mal ein klares Nein. Und in gewisser Hinsicht tröstete es mich, dass ich zumindest wusste, was ich nicht wollte. Trotzdem war ich beunruhigt. Ich hatte Visionen, in denen ich in der Gosse lag, meine Gedichte umklammerte und mit meinem letzten Atemhauch flehte, jemand möge sie lesen.

Im *New Yorker* gab es mal einen Cartoon: Ein Mann steht vor den Passagieren eines Flugzeugs, in einer Hand ein Gewehr, in der anderen ein Notizheft. »Keiner rührt sich!«, sagt er. »Niemandem wird etwas geschehen. Ich will Ihnen nur einige Gedichte vorlesen.« Lyrik war in Amerika noch nie besonders beliebt.

Eine Freundin, ursprünglich eine Lyrikerin, die jedoch gerade an einem Kriminalroman arbeitet, schlug mir vor, dieses Buch zu verfassen. Ich hatte schon vor fünf Jahren damit angefangen. Damals war der richtige Zeitpunkt noch nicht gekommen, aber Träume haben - ganz wie unsere Obsessionen - die Eigenschaft, wieder aufzutauchen. Darum sollten wir ihnen die nötige Aufmerksamkeit widmen und sie zu einem konkreten Ziel machen. Es ist eine weitere Methode, unser Leben zu durchdringen; sonst treiben wir ewig mit unseren Träumen dahin.

Wenn Sie gelernt haben, Ihrer eigenen Stimme zu vertrauen, und Ihrer schöpferischen Kraft erlaubt haben, sich zu zeigen, können Sie sie in jede Bahn lenken, die Sie wollen. Sie können Kurzgeschichten, Romane, Gedichte oder Kritiken schreiben. Sie besitzen das grundlegende und wichtigste Werkzeug, um Ihre Schreibträume zu erfüllen. Aber sehen Sie sich vor. Sie werden andere Träume wecken - zum Beispiel nach Tibet zu gehen, die erste Präsidentin der Vereinigten Staaten zu werden, ein Solarhaus in New Mexico zu bauen -, und diese Träume werden dann nicht nur in Ihrem Kopf existieren, sondern auf Papier. Sie zu ignorieren, wird schwerer werden.

## Syntax

Versuchen Sie einmal Folgendes: Nehmen Sie einen Ihrer langweiligsten Texte, picken Sie sich drei oder vier aufeinanderfolgende Sätze heraus und schreiben Sie sie oben auf ein leeres Blatt Papier:

> *Ich kann nicht schreiben, weil ich ein Eiswürfel bin und mein Mund ist ganz trocken und ich habe nichts zu sagen und am liebsten würde ich jetzt Eis essen.*

Okay. Jetzt stellen Sie sich jedes einzelne Wort als Bauklotz vor – jeder von der gleichen Farbe und Größe. Kein Substantiv, kein Verb hat mehr Wert als *der, ein, und.* Alle Wörter sind gleich. Und nun mischen Sie diese Worte, als ob Sie die Holzklötzchen verschieben und reihen Sie sie über ungefähr ein Drittel der Seite aneinander. Versuchen Sie nicht, sinnvolle Sätze zusammenzustellen. Ihr Verstand wird das ohnehin versuchen, aber Sie sollten diesem Bedürfnis widerstehen, sich entspannen, ohne Zusammenhang Wörter wie Holzklötzchen aneinanderreihen. Natürlich werden einige Wörter mehrmals auftauchen, bis Sie das Drittel der Seite gefüllt haben.

> *Schreiben trocken essen bin Eis ich nicht sagen zu Mund habe liebsten ich jetzt würde Eiswürfel weil bin sagen trokken ist habe und schreiben ist ein mein Eiswürfel essen ich am würde kann liebsten trocken kann weil ist und ich essen sagen kann ganz liebsten ich trocken bin sagen ist Eis nicht*

Jetzt streuen Sie ganz unwillkürlich ein paar Kommata, Fragezeichen, Ausrufezeichen und Punkte ein. Tun Sie es, ohne nachzudenken, ohne zu versuchen, einen Sinn hineinzubringen. Tun Sie es einfach aus Spaß.

*Schreiben trocken essen bin. Eis ich nicht? Sagen zu Mund habe liebsten ich, jetzt würde Eiswürfel weil bin sagen! Trokken ist habe: und schreiben ist ein mein! Eiswürfel essen ich am, würde kann liebsten. Trocken kann weil ist - und ich essen sagen kann ganz, liebsten, ich, trocken bin. Sagen! Ist Eis nicht?*

Nun lesen Sie Ihren Text laut, als ob er eine Bedeutung hätte. Betonen Sie ihn je nach Satzzeichen, lesen Sie ihn in verschiedenen Stimmlagen. Versuchen Sie es in wütendem Tonfall, überschwänglich, traurig, jammernd, schmollend oder im Befehlston.

Was haben wir hier getan? Unser Sprache ist normalerweise eingeteilt in das Satzbauschema Subjekt-Prädikat-Objekt. Das Subjekt tut etwas mit dem Objekt. »Ich sehe den Hund.« In diesem Satzgefüge ist »Ich« das Zentrum des Universums. Der Aufbau unserer Sprache lässt leicht vergessen, dass nicht nur »Ich« »den Hund« ansehe, sondern gleichzeitig auch der Hund uns ansieht. Interessanterweise würde der Satz auf japanisch »Ich Hund sehend« heißen. Hier scheint es eher einen Austausch oder eine Interaktion zu geben, statt ein Subjekt, das etwas mit dem Objekt tut.

Wir denken in Sätzen, und so wie wir denken, sehen wir die Dinge auch. Wenn wir im Subjekt-Prädikat-Objekt-Schema denken, dann wird auch unser Weltbild davon geprägt. Indem wir diese Syntax aufbrechen, setzen wir Energie frei und sind in der Lage, die Welt aus einem neuen Blickwinkel zu betrachten. Wir geben unsere chauvinistische Rolle als *Homo sapiens* auf. Nicht nur menschliche, auch andere Wesen zählen auf dieser Erde: Ameisen besitzen eigene Städte, Hunde ein eigenes Leben, Katzen sind stets damit beschäftigt, sich in der Kunst des Dösens zu üben; Pflanzen atmen; die Lebensspanne der Bäume ist länger als unsere. Natürlich können wir Sätze bilden, in denen Hund, Katze oder Fliege das Subjekt ist - »Der Hund sieht die Katze« -, dennoch ist Selbstbezogenheit und Egozentrik Kennzeichen unserer Satzstruktur. Es ist eine gewaltige Last, dominant sein zu müssen. Doch wir beherrschen die Welt nicht. Es ist eine Illusion, die sich in unserem Satzbau widerspiegelt.

Katagiri Roshi sagte immer: »Gehe mit allen fühlenden Wesen rücksichtsvoll um.« Einmal fragte ich ihn: »Was sind fühlende Wesen überhaupt? Alles, was empfindet?« Er erwiderte, dass wir zu *allem* freundlich sein sollen - sogar zu dem Stuhl, zur Luft, zum Papier, zur Straße. So grenzenlos und tolerant sollte unser Geist werden. Als Buddha unter dem Bodhi-Baum erleuchtet wurde, sagte er: »Gemeinsam mit allen Wesen bin ich nun erleuchtet.« Er sagte nicht: »Ich bin erleuchtet, und ihr seid es nicht« oder »Ich sehe die Erleuchtung!«, als ob er Abstand zu ihr einhalten würde.

Das bedeutet natürlich nicht, dass wir von nun an reglos verharren sollen, um nur nicht den Teppich durch Betreten zu beleidigen oder versehentlich ein Glas umzustoßen. Es bedeutet nicht, dass wir unsere Satzgefüge verwerfen sollen, weil sie falsch sind. Und obwohl Sie diese Übung nur ein einziges Mal gemacht haben und mit Sicherheit wieder auf normale Sätze zurückgreifen werden, ist ein Riss entstanden, eine Fuge, durch die die Energie hindurchströmen kann. Auch wenn »Ich esse eine Artischocke« vernünftig klingt und Ihre Leser Sie für normal halten werden, kennen Sie nun die hinter der Satzstruktur verborgene Möglichkeit, dass die Artischokke auch Sie isst und Sie für immer verändert, besonders dann, wenn Sie das Blatt in Knoblauchsauce dippen und es Ihre Zunge kosten lassen! Je stärker Sie sich des Satzbaus, in dem Sie sich bewegen und in dem Sie schreiben, bewusst sind, desto leichter können Sie ihn kontrollieren und sich, falls nötig, von ihm lösen. In der Tat kommen Sie dem, was Sie sagen wollen, oft dann näher, wenn Sie das Satzgefüge aufbrechen.

*Shout, Applaud*, ist eine Gedichtsammlung, die von Frauen aus einem Heim für geistig Behinderte verfasst wurde. Diesen Frauen hat man die Syntax nicht gründlich eintrichtern können, ihre Gedichte sind gute Beispiele dafür, was man erschaffen kann, wenn man sich davon freimacht. Außerdem sind sie voller Überraschungen.

## Gib mir ein Weiss
*von Marion Pinski*

Ich liebe Weiß
zu schreiben
meinen Namen zu schreiben.
Bitte gib Marion
Pinski ein Weiß.
Ich liebe weißen,
weil meinen Namen schreiben,
könnte ich's.
Ich weiß, wie man ihn buchstabiert
richtig.
Ich will Weiß, um damit
meinen Namen zu schreiben.
Ich möchte Weiß, jetzt.
Ich fragte auf nette Art.
Ich liebe Weiß, oh ja.
Um meinen Namen
zu schreiben, zu schreiben, ja.
Ich hab mein eigenes Geld, oh, ja.
Versuch's.

## Ahornblatt

*von Betty Freeman*

Dass ich träume, die Lady tut's, um jung zu sein,
um in ihrer hübschen roten Weihnachtskugel zu sein.
Ihr Kleid ist so schön wie ein Schwan.
Der Schwan gleitet mit seinen feinen weißen Federn,
als sein weicher Schneekopf
untertaucht, um wieder Schnee zu sein.
Dann möchte ich sein wie diese Frau,
und einen langen Flügel haben.

## Der Stein und ich

*von Beverly Opse*

Auf meinem Tisch liegt ein Stein.
Auf dem Stein steht ein Glas Wasser.
Das Wasser ist schwarz vor Dreck.
Der Dreck ist trocken und staubig.
Ich würde gern einen Kohlkopf zum Essen einladen.
Der Kohl ist hocherfreut.
Er mag den Fels,
weil er sich nicht bewegt.

## Jedermann
*von Shirley Nielson*

Ich trug einen blauen
Mantel. Es gab Kohl und Würstchen.
Die Würstchen waren groß, gekocht,
der Geruch nach Kohl,
ah, köstlicher Geruch
nach Kohl kein Sommer draußen Geräusch von
laufendem Wasser irgendwo in der Küche.

# Edson-Stil: Nervös am Weinglas nippen

Vor einigen Jahren las Russell Edson an der Universität von Minnesota. Er erzählte den Zuhörern, dass er sich an seine Schreibmaschine setzt und pro Sitzung ungefähr zehn verschiedene Kurztexte schreibt. Später liest er sich das Geschriebene noch einmal durch. Unter diesen Texten ist vielleicht einer, der ihm gefällt, und diesen behält er dann. Das Textstück würde gewöhnlich dann gelingen, wenn ihm eine gute Anfangszeile einfallen würde, sagte er. Hier sind ein paar Beispiele für seine Anfangszeilen.

»Ein Mann möchte von einem Flugzeug geliebt werden.«

»Eine Ratte wollte ihren Schwanz in die Vagina einer alten Frau stecken.«

»Wenn ein Wissenschaftler Tauben von der Größe eines Pferdes gezüchtet hätte ...«

»Eine Ente mit Familienanschluss gelangt versehentlich in den Kochtopf.«

»Ein Mann, der sich gerade einem Eclair widmete, hörte seine Mutter etwas zerbrechen und dachte sich, dass es sich um seinen Vater handeln müsste.«

»Ein Mann und seine Frau entdecken, dass ihre Kinder Attrappen sind.«

»Zwei alte Männer, eineiige Zwillinge, wechseln sich mit dem Leben ab.«

Und hier zwei vollständige Texte:

*Sautieren*
*Während ein Mann seinen Hut kurz anröstete, dachte er daran, wie seine Mutter stets seines Vaters Hut und wie seine Großmutter stets seines Großvaters Hut sautiert hatte.*

*Ein bisschen Knoblauch und Wein dazu, und er schmeckt überhaupt nicht mehr nach Hut, er schmeckt nach Unterwäsche ...*
*Während er seinen Hut sautierte, dachte er an seine Mutter, die den Hut seines Vaters und an seine Großmutter, die den Hut seines Großvaters sautierte, und wünschte sich, dass auch er verheiratet gewesen wäre, damit jemand seinen Hut hätte sautieren können. Sautieren ist eine so einsame Sache ...*

MIT AUFRICHTIGEM BEDAUERN
*Einer weißen Schnecke gleich kriecht die Toilette ins Wohnzimmer und will geliebt werden.*
*Das ist unmöglich, und wir möchten Ihnen unser aufrichtiges Bedauern aussprechen.*
*Im Buch der Herzen findet sich kein Vermerk zu Sanitäranlagen.*
*Und obwohl wir mit Ihnen oft ausgesprochen intime Momente geteilt haben, gehört Ihre Erwähnung in einen unglücklichen Themenbereich, dem wir uns nur sehr ungern widmen...*
*Einer weißen Schnecke gleich kriecht die Toilette aus dem Wohnzimmer und spült voll Kummer...*

Nach der Lesung fand der übliche Käse-und-Wein-Empfang in einem hässlichen, geräumigen Seminarraum statt. Ich kann mich noch sehr deutlich daran erinnern, wie Russell Edson allein am anderen Ende des Raumes saß. Die Studenten, die Fakultätsangehörigen und die geladenen Gäste standen um den Tisch mit den Crackern und den kleinen, orangefarbenen Käsestückchen herum, nippten nervös an ihrem Wein und sprachen über das Werk des Autors. Nur wenige trauten sich, zu ihm hinüber zu gehen. Obwohl wir alle während der Lesung viel gelacht hatten, war uns bewusst, dass er in uns eine Wahrheit berührt hatte, die uns mit Unbehagen erfüllte.

Versuchen Sie es: Setzen Sie sich an Ihre Schreibmaschine und schreiben Sie ohne nachzudenken Textstücke im Edson-Stil. Lassen Sie los und erlauben Sie der Ulme in Ihrem Garten, die Wurzeln herauszuziehen und sich auf den Weg nach Iowa zu machen. Versuchen Sie sich an guten, ausdrucksstarken Anfangszeilen. Vielleicht übernehmen Sie die erste Hälfte eines Satzes aus einer Tageszeitung und beenden diesen Satz mit der Zutat aus einem Kochrezept. Spielen Sie mit Worten. Tauchen Sie ein in die Absurdität und schreiben Sie. Wagen Sie etwas. Sie werden Erfolg haben, wenn Sie sich nicht vor dem Versagen fürchten.

# Zeigen Sie's mir!

Es gibt eine alte Regel beim Schreiben: »Nicht reden - zeigen!« Was dies genau bedeutet? Es bedeutet, dass Sie uns nicht von Wut (oder Ehre, Liebe, Hass, Trauer, Gerechtigkeit oder ähnlichem) berichten, sondern uns zeigen sollen, was Sie wütend gemacht hat. Erzählen Sie Ihren Lesern nicht, *was* sie empfinden sollten. Zeigen Sie die Situation so, dass sie fühlen müssen.

Schreiben ist keine Psychotherapie. Wir reden nicht »*über*« Gefühle. Der Schriftsteller empfindet etwas und weckt im Leser jene Empfindung durch das geschriebene Wort. Der Autor nimmt den Leser an die Hand und führt ihn durch das Tal der Freuden und des Jammers, ohne je einen dieser Begriffe erwähnen zu müssen.

Wenn Sie die Geburt eines Kindes miterleben, ist Ihnen vielleicht nach Singen und Weinen. Beschreiben Sie, was Sie sehen: Das Gesicht der Mutter, die plötzliche Energie, wenn das Baby nach vielen Versuchen endlich zur Welt kommt, den Vater, der gleichzeitig mit seiner Frau atmet und ihr einen kühlen Waschlappen auf die Stirn legt. Der Leser wird begreifen, ohne dass man ihm diesen Vorgang wortreich erklären müsste.

Bleiben Sie beim Schreiben stets in engem Kontakt mit Ihren Sinnen - und mit dem, was Sie schreiben. Wenn Sie Erstgedanken niederschreiben - spontane Gedankenblitze, bevor sich zweite und dritte Gedanken dazwischendrängen, beurteilen, kritisieren und kommentieren -, brauchen Sie sich keine Sorgen zu machen. Erste Gedanken sind wie in einem Spiegel reflektierte Erfahrungen: Näher kann ein menschliches Wesen mit Worten einem Sonnenuntergang, einer Geburt, einem Krokus nicht kommen. Es ist nicht möglich, stets mit Erstgedanken zu arbeiten, aber es ist gut, über sie Bescheid zu wissen. Sie lehren uns, wie man sich selbst aus dem Weg geht und Worte wie Spiegelbilder einsetzen kann.

Sobald jemand bei der Beschreibung seines Textes das Wort »über« benutzt, geht in meinem Kopf ein Alarm los. »Dies ist eine Geschichte *über* das Leben!« Streichen Sie diesen Satz und tauchen Sie ohne Umschweife ins Leben ein. Natürlich verwenden wir bei unserem Schreibtraining immer wieder Sätze wie »Ich möchte über meine Großmutter schreiben« oder »In dieser Geschichte dreht es sich um Erfolg.« Das ist in Ordnung. Hier geht es um Übung, und es ist wichtig, Schöpfer und inneren Kritiker auseinander zu halten. Schreiben Sie den Satz einfach auf, machen Sie ihn sich bewusst, tauchen Sie dann in die Geschichte ein und ziehen Sie uns mit.

Manchmal sind allgemeine Aussagen sehr zutreffend. Sorgen Sie aber dafür, dass Sie sie mit einem konkreten Bild illustrieren. Auch - oder gerade - Essays werden dadurch sehr viel lebendiger. Wenn Kant oder Descartes sich nur an diese Regel gehalten hätten! »Ich denke, also bin ich.« Ich denke an Kaugummi, Pferderennen, Barbecue, die Börse - daher weiß ich, dass ich im Amerika des 20. Jahrhunderts lebe. Na los, nehmen Sie sich Kants *Prolegomena zu einer jeden künftigen Metaphysik, die als Wissenschaft wird auftreten können* vor und zeigen Sie, was darin gesagt wird. Dann wären wir alle ein ganzes Stück glücklicher.

Vor einigen Jahren schrieb ich eine Geschichte auf, die mir jemand erzählt hatte. Meine Freunde fanden sie langweilig, was ich überhaupt nicht verstehen konnte, denn ich war ganz vernarrt in diese Geschichte. Inzwischen habe ich begriffen, wo der Fehler lag: Ich hatte »über« die Geschichte geschrieben, sozusagen aus zweiter Hand. Ich war nicht wirklich in die Geschichte eingestiegen, hatte mich nicht intensiv mit ihr bekannt gemacht. Ich habe sie von außen betrachtet und konnte daher auch niemanden in sie hineinziehen. Das bedeutet natürlich nicht, dass Sie nicht über etwas schreiben können, das Sie nicht selbst erlebt haben. Sie müssen nur dafür sorgen, dass Sie der Geschichte Leben einhauchen. Sonst bleibt sie lediglich eine Nacherzählung - und darin steckt nichts von Ihnen und Ihrer Persönlichkeit.

## Genau, bitte!

Drücken Sie sich genau aus. Sagen Sie nicht »Frucht«. Erzählen Sie, um welche Frucht es sich handelt - »Es ist ein Granatapfel.« Lassen Sie den Dingen die Würde eines Namens, einer spezifischen Bezeichnung. Auch unter uns Menschen ist es unhöflich zu sagen: »Hey, Mädchen, anstellen, bitte!« Dieses »Mädchen« hat einen Namen (und außerdem sollte man sie als Frau bezeichnen, wenn sie über Zwanzig ist). Auch Gegenstände haben Namen. Es klingt viel schöner, wenn man von der »Geranie am Fenster« schreibt als von einer »Blume am Fenster«. Allein das Wort »Geranie« ruft uns ein viel deutlicheres Bild vor Augen. Es macht das Wesen der Blume viel deutlicher. Wir sehen die Szene am Fenster ohne weitere Erklärung viel klarer: rote Blüten, runde, grüne Blätter, eine Pflanze, die sich zur Sonne reckt.

Vor etwa zehn Jahren fasste ich den Entschluss, mehr über die Namen der Pflanzen und Blumen in meiner Umgebung zu lernen. Ich kaufte mir ein Bestimmungsbuch und wanderte die mit Bäumen gesäumten Straßen von Boulder entlang, untersuchte Blätter, Rinde und Samen und verglich sie mit der Beschreibung und Bezeichnung im Buch. Ahorn, Ulme, Eiche, Robinie. Meistens versuchte ich zu schummeln und fragte einfach die Leute, die in ihren Gärten arbeiteten, nach den Namen der Blumen und Pflanzen, die dort wuchsen. Und ich stellte erstaunt fest, wie wenig Leute sich mit den lebenden Wesen auskannten, die auf dem kleinen Fleckchen Land um ihr Haus herum wuchsen.

Die Namen der Dinge zu kennen bringt uns dem Boden näher. Der Blick auf unsere Umgebung wird klarer, die Verbindung zur Erde enger. Wenn ich durch die Strassen gehe und »Hartriegel« und »Forsythien« sehe, empfinde ich meine Umwelt viel intensiver. Ich nehme wahr, was um mich herum ist und ich kann es beim Namen nennen. Es macht mich bewusster.

Wenn Sie Gedichte von William Carlos Williams lesen, werden Sie feststellen, dass er sich sehr genau über Pflanzen äußert: Zicchorie, Robinie, Gänseblümchen, Pappel, Schlüsselblume, Quitte, Veilchen - jede Blume, jeder Baum, jeder Strauch besitzt seine eigene Persönlichkeit. »Schreib, was vor deiner Nase liegt«, sagt Williams. Es ist wichtig für uns zu wissen, was wir vor uns haben. Nicht einfach »Gänseblümchen«, sondern das Gänseblümchen in der jeweiligen Jahreszeit, in der wir es betrachten: »Das Gänseblümchen an die Erde geschmiegt/bräunliche Ränder ... im August/grüne und spitze Blätter/schützen ihr Gelb.« Entwickeln Sie Ihre Wahrnehmung: für den Namen, den Monat, den Tag und schließlich für den Augenblick.

Williams sagt auch: »Kein Gedanke, außer in den Dingen.« Studieren Sie, »was vor Ihrer Nase liegt«. Indem Sie »Geranie« statt »Blume« sagen, dringen Sie tiefer in die Gegenwart ein, sind wach und wirklich dort. Je weiter wir uns dem, was sich direkt vor uns befindet, nähern, desto mehr erfahren wir darüber. »Die Welt in einem Sandkorn zu sehen, den Himmel in einer Wildblume ...«

Auch in Seminaren und Workshops ist es wichtig, sich rasch die Namen der Teilnehmer zu merken. Es hilft Ihnen dabei, Ihren Platz in der Gruppe zu finden und der Arbeit der anderen mehr Aufmerksamkeit zu schenken.

Lernen Sie die Namen aller Dinge und Lebewesen: Vögel, Käsesorten, Traktoren, Autos, Gebäude. Ein Schriftsteller ist alles zugleich - Architekt, französischer Koch, Bauer - und gleichzeitig nichts von alledem.

## Konzentration

Okay. Suchen Sie sich ein bestimmtes Thema, über das Sie schreiben wollen. Sagen wir, über Ihre Erfahrung, das erste Mal einen Löffel aus Zedernholz zu schnitzen. Erzählen Sie uns alle Einzelheiten. Dringen Sie tief in diese Erfahrung ein, hüten Sie sich jedoch gleichzeitig vor Tunneldenken. Auch wenn Sie sich beim Schreiben auf eine einzige Sache konzentrieren, muss ein Teil von Ihnen hellwach und aufmerksam bleiben und die Farbe des Himmels oder das Geräusch eines Rasenmähers in der Ferne wahrnehmen können. Es genügt, wenn Sie dem Leser in einer einzigen Zeile mitteilen, wie die Straße vor Ihrem Fenster ausgesehen hat, während Sie das Holzstück bearbeitet haben. Das ist eine gute Übung.

Wir dürfen nicht vergessen, dass das Universum sich mit uns bewegt und uns bei allem, was wir tun, begleitet. Und wenn Sie eine Textzeile darüber einstreuen, erinnern Sie auch Ihre Leser daran, dass wir uns zwar auf die vor uns liegende Aufgabe konzentrieren sollen, darüber aber niemals die atmende Welt um uns herum vergessen dürfen. Die Farbe des Himmels im richtigen Moment zu erwähnen, haucht dem Textstück noch ein wenig mehr Leben ein.

Bei einer Zen-Meditation machen Sie zwischen vierzigminütigem Sitzen das sogenannte *kinhin* – Zazen im Gehen. Aus einer stehenden Position heraus beginnen Sie sehr, sehr langsam mit dem Ausatmen den Fuß zu heben, um einen Schritt zu machen. Sie spüren, wie die Knie sich beugen, wie die Ferse sich vom Boden löst. Sehr langsam. Beim Einatmen heben Sie schließlich Ballen und Zehen und setzen den Fuß ein paar Zentimeter vor. Dann wird der Vorgang mit dem zweiten Fuß wiederholt. Kinhin dauert ungefähr zehn Minuten. Das extrem langsame Tempo führt zu der Erkenntnis, dass das Gehen kein isolierter Vorgang ist: Bei jedem Schritt spüren Sie die Luft, die Fenster, die anderen Meditierenden. Sie werden sich bewusst, dass Sie ohne den Boden, ohne den Himmel, ohne das Wasser, das Sie trinken, um zu überleben, keinen einzigen Schritt gehen *könnten*. Alles ist miteinander verbunden, verschlungen, durchdrungen. Selbst die Jahreszeit, in der wir gehen, unterstützt unsere Schritte.

Wenn wir uns so auf das Schreiben konzentrieren, ist das gut. Aber wir sollten uns nicht konzentrieren, um die Welt auszusperren, sondern allem um uns herum erlauben, zu existieren. Dieser Balanceakt braucht viel Übung.

## Das Gewöhnliche und das Außergewöhnliche

Letztes Wochenende war ich in Abiquiu zwischen fantastischen rosafarbenen Klippen und kargen Hügeln campen. Hier hat Georgia O'Keeffe gelebt. Das Wochenende davor war ich in Arizona im Land der Hopi, um die Schlangentänze zu sehen. Vom First und Second Mesa aus konnte man wahre Mondlandschaften betrachten. Das Schlangenritual war ein Regentanz. Die Medizinmänner fingen Schlangen aller Art – Klapperschlangen, Bullheads, Blue Racers – und verbrachten vier Tage und Nächte mit ihnen, bevor der Tanz schließlich begann. Während des Tanzes nahmen die Männer des Dorfes die Schlangen zwischen die Zähne und bewegten sich rhythmisch vor und zurück. Als es vorbei war, liefen die Tänzer mit den Schlangen über die Mesa und ließen sie in alle vier Himmelsrichtungen frei – den vier Himmelsrichtungen, aus denen sie sie zuvor eingesammelt hatten.

Ich beobachtete das Ganze in sprachlosem Staunen. »Wie würde ich je über diese unglaublichen Weiten und Größen und diese mythischen Rituale schreiben können?« Ein Freund, der mich begleitet hatte, sagte: »Sieh dir nur diese gigantische Landschaft, diese Hügel, die Hochplateaus und den Himmel an. Hier fühlt man die Gegenwart Gottes. Ist es denn möglich, dies alles allein mit den vorhandenen Einzelheiten zu beschreiben?«

In unserem Sprachgebrauch wird Detail gern mit eher unwichtiger Nebensächlichkeit gleichgesetzt – als ob man damit nur Ameisen oder Haarklammern beschreiben könnte. Bei Details denken wir meist an etwas Kleines, nicht an den kosmischen Geist oder an jene Berge New Mexicos. Wir halten Details für alltäglich und weltlich. Aber selbst der großartige, atemberaubende Anblick majestätischer Berge ist alltäglich für den, der dort lebt. Und sogar Wunder sind weltliche Vorkommnisse, die ein erweckter Geist auf fantastische Art und Weise wahrnehmen kann.

Schreiben beruht also nicht allein auf einem materialistischen Umgang mit Objekten. Wir beschreiben Einzelheiten, um durch das Alltägliche ans andere Ufer zu gelangen - zu der unendlichen Weite, die hinter allem liegt. Für die Hopi-Indianer waren die Weiten und die Ausmaße der Landschaft um sie herum etwas ganz Normales. Schließlich sahen sie sie jeden Tag. Leider wollen viele der jungen Leute dort ihre Heimat verlassen und in die Städte ziehen, die sie für aufregender halten.

Ursprüngliche Einzelheiten sind alltäglich, außer für den Geist, der das Ungewöhnliche in ihnen entdeckt. Es ist nicht nötig, ins Land der Hopi zu reisen, um wahre Größe zu entdecken; wir müssen nur das, was wir vor uns haben, mit anderen Augen betrachten. Für die Hopi ist der Schlangentanz etwas, was sie tief berührt, gleichzeitig ist es ein Ritual, das sich in jedem Jahr ihres Lebens wiederholt. Wie üblich luden sie nach dem Tanz anschließend Freunde zu sich nach Hause zum Essen ein. Wenn wir ihr Leben und ihre Feste für außergewöhnlich halten, unser Dasein dagegen für alltäglich, setzen wir uns mit einem Gefühl der inneren Armut an unseren Schreibtisch. Aber alles kann gewöhnlich und außergewöhnlich sein. Es ist unser Geist, der darüber entscheidet, der sich öffnen oder verschlossen bleiben kann. Details sind nicht gut oder schlecht. Es sind einfach Details, Einzelheiten. Wie man zum First Mesa kommt? Fahren Sie vom Window Rock auf dem Highway 264 eineinhalb Stunden Richtung Westen.

Der Schlangentanz besteht aus einer Abfolge von Einzelheiten, Bewegungen, die mit äußerster Konzentration ausgeführt werden; es muss so sein, weil die Hopi die Schlangen mit dem Mund trugen. Für uns, die wir zusahen, war er unfassbar und fantastisch, weil er etwas Außerordentliches und Fremdes darstellte. Aber der Tanz war gleichzeitig etwas Normales, ein Ritual, das seit Hunderten von Jahren inszeniert wird. Wenn wir darüber schreiben wollen, müssen wir zum Innersten vordringen und ihn erkennen, damit das Gewöhnliche und Ungewöhnliche gleichzeitig vor unseren Augen auftaucht. Durchdringen Sie das, worüber Sie schreiben wollen, um den Zusammenhang mit allem anderen zu erkennen. Nur dann ist das Detail vom Kosmischen durchtränkt. Dann werden Einzelheiten zum Teil einer Gesamtheit und beides, das Alltägliche und das Außergewöhnliche, werden austauschbar.

Ein Freund von mir hatte vor kurzem einen Motorradunfall. Er hatte die Nacht zuvor nicht geschlafen und war früh zu seiner langen Fahrt nach Massachusetts aufgebrochen. Während des Fahrens war er eingeschlafen und mit fünfundachtzig Meilen pro Stunde in einen Wagen gefahren. Er hatte großes Glück und blieb unverletzt, nur sein Motorrad war ein Totalschaden.

Ich war erschüttert, als ich davon hörte. Wäre er umgekommen, wäre mein Leben ganz aus dem Gleichgewicht geraten. Denn wir sind alle miteinander verbunden; jeder ist ein Teil des Universums eines anderen. Wenn ein Mensch vor seiner Zeit stirbt, sind wir alle davon mitbetroffen. Wir leben nicht für uns allein; wir sind mit allem um uns verbunden. Wir leben für die Erde, für Texas, für das Huhn, das wir gestern Abend gegessen haben und das für uns sein Leben gegeben hat, für unsere Mütter, für den Highway, die Zimmerdecke und die Bäume. Wir tragen die Verantwortung dafür, behutsam miteinander umzugehen; nur dann werden wir auch unsere Welt freundlich behandeln.

Mit dieser Erkenntnis sollten wir uns ans Schreiben machen. Dann behandeln wir Details nicht nur als individuelle, materielle Dinge, sondern als Reflektionen aller Dinge und Wesen. Katagiri Roshi sagte: »Es kann ein starkes Erlebnis sein, eine Tasse Tee zu trinken.« Wir müssen begreifen, dass wir allem, ob wir über eine Tasse, eine Mesa oder den Himmel oder die Haarklammer schreiben, unsere Aufmerksamkeit widmen, um ins Innere vorzudringen. Wenn wir das tun, werden wir ganz selbstverständlich die scheinbar unzusammenhängenden Sprünge von einem Gedanken zum anderen machen, von denen sich die Poesie nährt, weil wir uns der Verbindung aller Dinge bewusst sind. Oder wir können Prosa schreiben, die von Absatz zu Absatz fließt, ohne uns über Überleitungen Gedanken zu machen. Es wird auf ganz natürliche Weise geschehen.

## Trainingsplatz Gespräche

Treffen Sie sich mit guten Freunden und erzählen Sie sich Geschichten. Erzählen Sie, wie es war, als Sie sich in Albuquerque die Zukunft vorhersagen ließen, wie Sie in einem Hühnerstall in Arroyo Seco, New Mexico, meditiert haben, dass Ihre Mutter jeden Morgen Hüttenkäse auf Toast isst.

Wenn Sie Freunden etwas erzählen, schmücken Sie die Geschichten etwas aus, denn Sie wollen ja, dass sie zuhören; vielleicht übertreiben Sie, vielleicht dichten Sie ein wenig hinzu. Ihre Freunde kümmert es wenig, ob Sie alles genau so erzählen, wie es sich vor zehn Jahren zugetragen hat: Jetzt ist jetzt, und sie sind von Ihrer Geschichte gefesselt. Ein Schriftstellerfreund bat mich einmal, als wir uns zum Essen trafen: »Erzähl mir die schönste Klatschgeschichte, die du im letzten Monat gehört hast. Und wenn du keine weißt, dann erfinde bitte eine.« Grace Paley, eine Kurzgeschichtenautorin aus New York, sagte einmal: »Schriftsteller sind verpflichtet, sich Klatsch anzuhören und weiterzugeben. Alle Geschichtenerzähler lernen so das Leben kennen.«

Reden ist eine gute Sache. Schämen Sie sich dessen nicht. Gespräche sind der Trainingsplatz des Schreibens. Hier lernen wir eine Menge über Kommunikation – was die Leute interessiert, was sie langweilt. Wenn ich mit Freunden Neuigkeiten austausche, kommen wir immer wieder zu dem augenzwinkernden Schluss: »Wir sind gar keine hoffnungslosen Klatschtanten. Wir versuchen nur, das Leben zu begreifen.« Und das ist die Wahrheit. Wir sollten lernen, nicht zu verurteilen, nicht neidisch oder gierig zu reden, sondern leidenschaftlich, mitfühlend und staunend.

Ich weiß noch, wie ich einmal nach einem Konzert mit einer Freundin in der New French Bar in Minneapolis saß und ihr erzählte, wie ich Buddhistin geworden war. Dass sie so intensiv zuhörte, verlieh der Geschichte, die ich schon so viele Male erzählt hatte, eine ganz neue, großartige Brillanz. Ich erinnere mich noch an den Lichtschimmer auf unseren Weingläsern, an den Geschmack der Mousse au chocolat. Und damals begriff ich, dass ich die Geschichte aufschreiben musste - das Material war fantastisch.

Schriftsteller können sich gegenseitig helfen, neue Richtungen zu entdecken, indem sie miteinander reden. »Hey, das ist ja eine tolle Geschichte - hast du schon darüber geschrieben?« oder »Guter Satz: Ich habe sechs Jahre hier gewohnt und erinnere mich an nichts, an gar nichts. Das solltest du aufschreiben und zum Anfang eines Gedichtes machen.« Einmal kam ich von einem Besuch in Boston nach Hause und bemerkte ganz nebenbei zu einer Freundin: »Oh, er ist verrückt nach ihr.« Sie schrieb zu der Zeit gerade einen Kriminalroman und hakte sofort nach: »Wie kommst du darauf? Was genau macht er denn?« Ich musste lachen. In Gegenwart von Schriftstellern kann man keine Plattitüden äußern - sie wollen sofort, dass das Gesagte mit Bildern und Vorfällen »illustriert« wird.

Eine andere Freundin erzählte mir von ihrem Vater, der die Familie verließ, als sie zwölf war. Er schloss sich einer christlichen Sekte an und unterschlug in drei Staaten das Geld der dortigen Kirchen. Es war ihre ganz persönliche Tragödie ... und eine großartige Geschichte, wie ich fand. Als ich ihr das sagte, erhellte sich ihre Miene. Sie erkannte, dass sie ihrem Leben eine neue Richtung geben konnte: als Stoff für ihr Schreiben.

Reden ist eine Art Warm-up für den großen Lauf - für die Stunden, die Sie allein nur mit Ihrem Stift und dem Notizbuch dasitzen und schreiben. Machen Sie sich eine Liste der Geschichten, die Sie schon oft erzählt haben. Sie werden ziemlich viel Material für Ihr Schreiben finden.

## Schriftsteller sind wunderbare Liebhaber

»Ich lese so viel Hemingway, dass ich langsam befürchte, ganz wie er zu klingen«, sagte mir einmal ein Schüler. »Ich imitiere ihn bloß, ohne eine eigene Stimme zu finden.« Das ist gar nicht so schlecht. Es ist vor allem viel besser, wie Hemingway zu klingen als wie Tante Agathe, die meint, dass man auf Hallmark-Grußkarten die weltbesten Gedichte findet.

Wir alle machen uns ständig Sorgen, dass wir nur einen Stil kopieren, keinen eigenen besitzen. Aber das ist unnötig. Schreiben ist ein Gemeinschaftsakt. Anders als angenommen ist ein Schriftsteller nicht wie Prometheus, der einsam und eifersüchtig das Feuer hütet. Es wäre überheblich zu glauben, dass nur wir allein einzigartige Ideen haben. Wir werden getragen von der Tradition aller Schriftsteller, die vor uns lebten. Und wir leben in einer Gegenwart, die von ihren eigenen Geschichten, Ideen und Gedanken geprägt ist und das beeinflusst unsere Arbeit.

Schriftsteller sind wunderbare Liebhaber. Sie verlieben sich in andere Schriftsteller. Und dadurch lernen sie ihr Handwerk. Sie wählen einen Autor, lesen alles von ihm, lesen es wieder und wieder, bis Sie verstanden haben, wie er denkt, unterbricht und betrachtet. Das ist es doch, was einen guten Liebhaber ausmacht - er ist in der Lage, aus sich herauszutreten und in die Haut eines anderen zu schlüpfen. Ihre Fähigkeit, die Texte eines anderen zu lieben, beweist, dass solche Fähigkeiten in Ihnen erwachen. Sie werden dadurch noch nicht zum Plagiator, es wird Sie eher besser machen. Womit Sie sich in den Arbeiten anderer Schriftsteller identifizieren, wird auf natürliche Weise ein Teil Ihrer selbst und Ihrer eigenen Texte. Menschen, die wirklich lieben, erkennen, dass sie Teil dessen sind, den sie lieben. So ist es auch Allan Ginsberg ergangen, als er schreiben wollte, um von Jack Kerouac verstanden zu werden:

»(...) durch seine Liebe zu Jack Kerouac erkannte er, dass er Jack Kerouac war: Nur die Liebe weiß um so etwas.« Sie sind Ernest Hemingway auf Safari, wenn Sie *Die grünen Hügel Afrikas* lesen, dann Jane Austen, die die Regency-Frauen betrachtet, Sie sind Getrude Stein, die den Kubismus der Worte pflegt, und Larry McMurtry, der in einem staubigen texanischen Ort zum Billardspielen geht.

Schreiben ist also nicht einfach nur Schreiben. Es bedeutet auch, eine Beziehung zu anderen Schriftstellern aufzubauen. Und bitte keinen Neid, auch keinen heimlichen. Wenn ein Schriftsteller Großartiges vollbringt, dann bedeutet dies nur mehr Klarheit für uns alle auf dieser Welt. Betrachten Sie andere Schriftsteller nicht als »die anderen«, die sich von Ihnen unterscheiden: »Die sind so gut und ich so schlecht.« Hüten Sie sich vor dieser Spaltung, Sie behindern sich nur selbst. Das Gegenteil hat selbstverständlich die gleiche Wirkung; wenn Sie sich für großartig halten, auf andere aber herabsehen, hindert Ihre Arroganz Sie daran, als Schriftsteller zu wachsen oder Kritik an Ihrem Werk anzunehmen. Sagen Sie sich also einfach: »Die anderen sind gut, aber ich auch.« Diese Aussage lässt Ihnen viel Spielraum: »Sie schreiben schon viel länger, deshalb kann ich ein Stück mit ihnen gehen und von ihnen lernen.«

Es ist viel besser, ein geselliger Schriftsteller zu sein, der für alle Menschen schreibt und viele Stimmen wiedergibt, als in Klausur zu gehen und verzweifelt zu versuchen, ein winziges Korn Wahrheit im eigenen Geist zu finden. Denken Sie großzügig und schreiben Sie, indem Sie die ganze Welt umarmen.

Selbst wenn wir uns zum Schreiben in die Einöde zurückziehen, muss ein Austausch stattfinden: Wir kommunizieren mit uns selbst, mit dem Tisch, den Bäumen, den Vögeln, der Schreibmaschine. Niemand existiert für sich allein. Es ist nur unser Ego, das dieser Meinung ist. Wir bauen auf dem auf, was vor uns war, selbst wenn das, was wir schreiben, eine Reaktion darauf ist oder die Vergangenheit verleugnen will. Selbst dann schreiben wir mit dem Wissen um das, was vor uns war.

Es ist hilfreich, wenn Sie Schriftsteller aus Ihrer Gegend kennen lernen, mit denen Sie sich treffen und untereinander austauschen können. Allein ganz für sich zu arbeiten, ist schwer. Ich empfehle meinen Schülern, dass sie die anderen Teilnehmer kennen lernen, anderen ihre Arbeiten zeigen sollen. Es wäre zu schade, wenn Sie Ihre Arbeiten in den wachsenden Stapeln Ihrer Spiralbücher vergraben. Lassen Sie sie frei. Löschen Sie das Bild des einsamen, gequälten Schriftstellers aus Ihrem Kopf. Das Leben ist hart genug - wir müssen es uns nicht noch schwerer machen.

# Eins und eins gleich Mercedes-Benz

Meinen Schülern, besonders denen der sechsten Stufe, die schon sehr weltklug werden, sage ich immer: »Schaltet die Logik aus, vergesst die Gleichung »eins und eins gleich zwei«. Erhaltet euch die Möglichkeit, dass eins und eins auch achtundvierzig, einen Mercedes, einen Apfelkuchen oder ein blaues Pferd ergeben kann. Erzählt mir keine Fakten aus eurer Autobiografie wie zum Beispiel: »Ich bin ein Junge, ich gehe in die Schule. Ich lebe in Owatonna und habe Mutter und Vater.« Erzählt mir, wer ihr wirklich seid: »Ich bin der Raureif auf der Wiese, der Ruf des Wolfes, ein Grashalm mit messerscharfen Rändern.«

Vergesst euch selbst. Dringt in alles ein, was ihr seht - eine Straße, ein Glas Wasser, ein Maisfeld. Verschwindet darin. Was immer ihr fühlt - geht ganz darin auf, verglüht darin. Und macht euch keine Sorgen; euer Ego wird sehr rasch nervös werden und euch aus einer solchen Ekstase herausholen. Aber wenn ihr es schafft, diesen Augenblick festzuhalten, dieses Gefühl, den Geruch oder den Anblick einzufangen, dann habt ihr wahrscheinlich ein großartiges Gedicht in den Händen.

Danach stürzt ihr wieder auf die Erde zurück. Nur im Text bleibt die großartige Vision erhalten. Deswegen müssen wir uns immer wieder Büchern - guten Büchern! - widmen, in denen wir Visionen dessen, was wir sind und was wir sein könnten, finden. Visionen der Kämpfe, die wir als menschliche Wesen durchstehen, damit wir immer wieder aufs Neue erkennen, wie wichtig es ist, uns selbst und anderen freundlich und mitfühlend gegenüberzutreten.

## Seien Sie ein Tier!

Selbst wenn Sie gerade nicht schreiben, bleiben Sie Schriftsteller. Es steckt in Ihnen drin. Gehen Sie wie ein Tier auf die Jagd und beobachten Sie Ihre Umgebung auf der Suche nach Beute. Nutzen Sie Ihre Sinne wie ein Tier. Beobachten Sie eine Katze, wenn sie mit dem Blick einer Bewegung folgt. Sie verharrt vollkommen ruhig, gleichzeitig jedoch sind all ihre Sinne hellwach und in Alarmbereitschaft. Genau so sollten Sie durch die Straßen gehen. Die Katze verschwendet keinen Gedanken daran, wie viel Geld in ihrer Tasche ist oder wem sie eine Postkarte schreiben müsste, wenn sie nach Florenz fährt; sie beobachtet konzentriert die Maus oder die Murmel, die sich über den Boden bewegt, das Licht, das vom Glas reflektiert wird. Jede Faser ihres Wesens ist bereit zuzuschlagen. Dazu müssen Sie nicht auf allen Vieren gehen und mit dem Schwanz zucken. Zumindest ein Teil Ihres Wesens sollte sich ganz still verhalten, ganz bewusst wahrnehmen, wo Sie sich gerade befinden – und das, egal wie beschäftigt Sie im Augenblick auch sein mögen.

Meine Freundin, die mich nach Europa begleitete, hatte furchtbare Angst davor, sich zu verirren. Sie konnte keinen Stadtplan lesen und war auch nicht in der Lage, sich an bestimmten Anhaltspunkten zu orientieren, wie zum Beispiel: »Auf diesem Platz waren wir gestern. Da ist das Savoy Hotel, wo wir gestern die Konzertkarten gekauft haben, also müssen wir jetzt wohl hier entlang.« Weil sie solche Angst hatte, setzte ihr gesunder Menschenverstand aus, in dem all unsere Sinne zusammenspielen, um unser Überleben zu garantieren – jener Teil von uns, der immer wach ist. Katagiri Roshi sagte: »Du bist genau in diesem Moment Buddha!« Nur leider vergessen wir das, wenn wir zu viel um die Ohren haben oder uns fürchten wie meine Freundin damals. Und gerade weil sie solche Angst hatte, sich zu verlaufen, passierte es auch.

Als Schriftsteller müssen wir immer wachsam die Welt durchstreifen und in Kontakt bleiben mit unseren animalischen Sinnen, die sehen, beobachten und wahrnehmen - Straßenschilder, Straßenecken, Hydranten, Zeitungsverkäufer.

Es kann auch eine gute Vorbereitung fürs Schreiben sein, sich in ein Tier zu verwandeln. Bewegen Sie sich langsam, schleichen Sie sich an. Umkreisen Sie im Geist Ihre Beute (das, worüber Sie schreiben wollen) bei allem, was Sie tun - ob Sie nun den Müll hinausbringen, Ihre Blumen gießen oder zur Bücherei gehen. Setzen Sie all Ihre Sinne in Alarmbereitschaft. Schalten Sie die Vernunft ab - keine Gedanken. Schreiben Sie aus dem Bauch heraus. Verlagern Sie Ihr Gehirn in die Eingeweide, die Ihre Gedanken verdauen und Ihrem Körper Nahrung zuführen können. Haben Sie Geduld. Lassen Sie Ihre Worte unter die Bewusstseinsgrenze sinken und in Ihren Blutkreislauf eindringen.

Wenn Sie dann darauf vorbereitet sind zuzuschlagen - sagen wir, Sie haben sich zehn Uhr morgens vorgenommen -, schreiben Sie unter dem Druck einer Zeitvorgabe. Schreiben Sie eine Stunde oder zwanzig Minuten, vielleicht auch nur zehn, aber schreiben Sie um jeden Preis. Halten Sie Ihre Hand in Bewegung und lassen Sie die Worte direkt aus Ihren Adern durch den Stift aufs Papier strömen. Hören Sie nicht auf. Zögern Sie nicht. Keine Tagträume. Schreiben Sie, bis Sie verausgabt sind.

Aber machen Sie sich keine Sorgen. Das hier war nicht Ihre letzte Chance. Wenn Sie die Maus heute nicht erwischt haben, dann schaffen Sie es morgen. Sie hören nicht auf zu sein, was Sie sind. Sind Sie beim Schreiben Schriftsteller, dann sind Sie es auch beim Kochen, Schlafen oder Spazierengehen. Und wenn Sie außerdem noch Mutter, Maler, Pferd, Giraffe oder Zimmermann sind, dann wird auch dies in Ihre Arbeit einfließen. Ganz von allein. Sie können sich von keinem Teil Ihrer Person trennen.

Am besten kommen Sie ganzheitlich zum Schreiben, mit allem, was Sie sind. Und wenn Sie fertig sind mit Schreiben: Am besten durchstreifen Sie die Straßen mit allem, einschließlich Ihrer Vernunft und Ihrer Buddha-Natur - das Gute in Ihrem Innersten, das Ihnen die Straßennamen sagt, damit Sie nicht verloren gehen. Etwas, das Ihnen sagt, morgen werden Sie zum Schreiben zurückkehren, und das Sie begleitet, wenn Sie draußen sind, zum Tier werden und die Stadt beschleichen.

## Klare Aussagen, klare Antworten

Anfang der Siebziger las ich eine Studie über Frauen und Sprache, die mich und meine Arbeit sehr beeinflusste. Unter anderem hieß es darin, dass Frauen ihre Aussagen häufig mit einem abschwächenden Anhängsel, mit einer Frage nach Bestätigung versehen. Zum Beispiel: »Der Vietnamkrieg war furchtbar, nicht wahr?« oder »Das gefällt mir, dir nicht?« In ihrer Satzstruktur sei immer ihr Bedürfnis nach Bestätigung ihrer Gefühle und Meinungen zu finden. Sie träfen keine Feststellungen, die sie vertreten, wie »Das ist schön!« oder »Das ist schrecklich!«, sondern sie suchten nach Bestätigung von außen. (Übrigens stellte die Studie fest, dass dies nicht nur für Frauen, sondern auch für Minderheiten aller Art zuträfe.)

Ein anderer Aspekt der weiblichen Sprache war die häufige Verwendung von »vielleicht«, »irgendwie« und »würde«. Unbestimmte Einschränkungen. »Irgendwie ist es passiert.« Als ob eine unbegreifliche Macht gewirkt und die Frauen hilflos gemacht hätte. »Ja, vielleicht gehe ich hin.« Wieder keine klare, positive Aussage wie: »Ja, ich gehe.«

Die Welt ist nicht nur schwarz und weiß. Es mag schon sein, dass jemand nicht mit Sicherheit sagen kann, ob er irgendwo hingehen kann oder nicht, aber gerade für Schriftsteller im Anfangsstadium ist es wichtig, klare, positive Aussagen zu machen. »Das ist gut« oder »Es war ein blaues Pferd« und nicht: »Mir ist klar, dass es sich komisch anhört, aber ich glaube, das Pferd war blau.« Klare Aussagen zu treffen übt Sie darin, Ihrem eigenen Verstand zu vertrauen und dafür einzustehen.

Nachdem ich den Artikel gelesen hatte, nahm ich mir ein Gedicht, das ich gerade geschrieben hatte, und sah es mir genau an. Dann strich ich alle vagen, unbestimmten Ausdrücke und Sätze heraus. Es kam mir vor, als würde ich mich langsam entblättern und stünde schließlich nackt da, so dass jeder erkennen konnte, wer ich wirklich war und was ich empfand. Es war anfangs etwas beängstigend, aber auch ein gutes Gefühl. Und es machte mein Gedicht um einiges besser.

Auch wenn das Leben selbst nicht immer durchschaubar ist, sollte man sich in klaren, bekräftigenden Sätzen ausdrücken. »So denke und fühle ich.« »So und nicht anders bin ich in diesem Augenblick.« Es braucht einige Übung, aber es lohnt sich.

Machen Sie sich keine Sorgen, wenn Sie bei Ihren Schreibübungen feststellen, dass Sie selbst oft vage Formulierungen verwenden. Verurteilen und kritisieren Sie sich nicht dafür. Achten Sie einfach nur darauf. Wenn Sie Ihre Texte überarbeiten, können Sie Überflüssiges immer noch herausstreichen.

Etwas anderes, auf das Sie achten sollten, sind Fragen. Wenn Sie eine Frage stellen können, dann können Sie sie auch beantworten. Natürlich können Sie Fragen stellen, aber gleich danach gehen Sie ihnen auf den Grund und beantworten sie in der nächsten Zeile. »Was soll ich mit meinem Leben anstellen?« Brownies essen, den Himmel bewundern und der beste Schriftsteller der Welt werden. »Warum habe ich mich gestern Abend so merkwürdig gefühlt?« Weil ich abends Taube gegessen, meine Schuhe verwechselt habe und weil ich unglücklich bin.

Fürchten Sie sich nicht davor, die Fragen zu beantworten. Sie werden in Ihrem Inneren unerschöpfliche Quellen finden. Schreiben hilft Ihnen, den Nebelschleier von Unklarheiten zu durchdringen und in Ihren Aussagen zu vermeiden. Selbst wenn Sie sich über etwas nicht ganz klar sind, sollten Sie es so ausdrücken, als seien Sie sich sicher. Durch diese Übung werden Sie selbst das auch.

## Ein Plädoyer für frische Verben

Verben sind sehr wichtig. Sie gestalten Handlung und Energie eines Satzes. Achten Sie also darauf, wie Sie sie einsetzen. Probieren Sie folgende Übung: Falten Sie ein Blatt Papier der Länge nach und listen Sie auf der linken Seite zehn Substantive auf, irgendwelche.

Flieder
Pferd
Schnurrbart
Katze
Geige
Muskeln
Dinosaurier
Saat
Stöpsel
Video

Jetzt gehen Sie auf die rechte Seite. Suchen Sie sich einen Beruf aus - Zimmermann, Arzt, Steward. Dann notieren Sie fünfzehn Verben, die zu diesem Beruf gehören.

*Koch:*
braten
hacken
zerstoßen
schneiden
zerkleinern
erhitzen
rösten
abschmecken

kochen
backen
frittieren
marinieren
mixen
rühren
abschöpfen

Jetzt falten Sie das Blatt auf. Links stehen die Substantive, rechts die Verben. Versuchen Sie nun, beide miteinander zu verbinden und die so entstandene Kombination in eine Satzform zu bringen. In welcher Zeitform Sie das Verb verwenden, spielt keine Rolle.

| | |
|---|---|
| *Koch:* | |
| Flieder | braten |
| Pferd | hacken |
| Schnurrbart | zerstoßen |
| Katze | schneiden |
| Geige | zerkleinern |
| Muskeln | erhitzen |
| Dinosaurier | rösten |
| Saat | abschmecken |
| Stöpsel | kochen |
| Video | backen |
| | frittieren |
| | marinieren |
| | mixen |
| | rühren |
| | abschöpfen |

*Dinosaurier marinieren in der Erde.*
*Die Geigen brachten die Luft zum Kochen.*
*Der Flieder schnitt den Himmel in lilafarbene Stücke.*

Einige Beispiele aus der Literatur:

*Der Atem ihres Mannes* zersägte *ihren Schlaf (...)*
*Das schwindende Licht des ausgehenden Tages* spannte *sich über ihre Gasflasche.*

*Ich* explodierte, *als ich ihn sah (...)*
*Andere paarweise in Autos zum im Mondschein* blitzenden *Fluss.*

*(...) wo Engel und Gladiolen deine Haut geleiten, um in der Erde zu schlafen (...)*

*Mein Blut* summt *wie ein Wespennest.*

Ich will Ihnen damit nicht empfehlen, das Schreiben zu unterbrechen und eine Stunde lang über ein neues Verb nachzudenken. Sie sollen sich nur Ihrer Verben und ihrer Ausdruckskraft bewusst sein, damit Sie sie auf neue, originelle Art einsetzen können. Je wacher Sie alle Aspekte der Sprache wahrnehmen, um so lebendiger werden Ihre Texte. Vielleicht kommen Sie zu dem Schluss, dass *laufen, sehen, gehen* für Sie am besten sind. Vollkommen in Ordnung, solange Sie diese Wahl bewusst treffen und diese Wörter nicht nur deshalb verwenden, weil Sie irgendwann bei Ihren Sätzen eingeschlafen sind.

## Schreiben in Cafés

Ich sitze in San Cristobal, New Mexico, in einem alten Eisenbahnwaggon, der zu einem Café umgebaut worden ist. Der Ort hat etwa achtundsechzig Einwohner, und der Spanierin, die den Laden betreibt, gehört das Land seit 1948. Sie ist kürzlich erst aus Arizona zurückgekehrt und hat das Café wiedereröffnet. Die Stadtverwaltung sagt, sie müsse selbst einen Brunnen graben, so dass bis dahin auf dem Grundstück bislang nicht gekocht werden kann. Deshalb bestelle ich während meiner zweistündigen Schreibsitzung Zigaretten, Cola, Mineralwasser, Eis, Kaugummi, Schokoriegel, Aspirin, Milch oder ein Dutzend Eier. Ich muss etwas bestellen und es muss mehr als eine Cola sein, denn ich möchte eine ganze Weile hier bleiben.

Das ist die erste Regel. Wenn Sie sich ein Café aussuchen, in dem Sie schreiben wollen, müssen Sie eine Beziehung dazu aufbauen. Gehen Sie hungrig hin, damit Sie etwas zu essen bestellen wollen. Es hat Zeiten gegeben, in denen ich keinen Hunger hatte, aber trotzdem etwas bestellt habe, dann den Teller beiseite schob und mein Notizbuch herausnahm. In der folgenden Stunde kostete ich hin und wieder von den frittierten Zwiebelringen oder dem Salat, der neben mir stand. Wenn ich Kaffee bestelle, nutze ich nie das kostenlose Nachschenken aus. Ich möchte zeigen, wie sehr ich die Zeit und den Platz zu schätzen weiß. Wenn Sie einen Tisch für ein paar Stunden belegen, sollten Sie außerdem mehr als das übliche Trinkgeld liegen lassen. Die Kellnerinnen profitieren von mehrfacher Tischbelegung, und Sie bleiben länger als üblich. Tauchen Sie also auch nicht ausgerechnet zur Zeit des Mittag- oder Abendessens auf, wo es ohnehin voll ist. Lassen Sie sich am besten am Ende der Stoßzeiten blicken, wenn das Personal müde ist und sich über

Sie freuen kann, weil Sie nicht viel Mühe machen und auch keine prompte Bedienung erwarten.

Ich weiß, das hört sich nach einer teuren Art des Schreibens an, aber das ist sie nur das erste Mal. Nachdem man Sie erst einmal kennt, wird Ihr Besuch dort bald zur Routine. »Oh, da ist ja die Schriftstellerin. Wie geht's denn so? Möchten Sie noch einen Kaffee?«

Als ich in Minneapolis wohnte, rief mich einmal eine Freundin an und sagte: »Hör mal, am Calhoun Square hat ein neues Restaurant aufgemacht. Lass uns dort essen gehen und schreiben.« Und da erkannte ich zum ersten Mal, was für eine Kunst es ist, den richtigen Ort zum Schreiben zu finden. Dieser neue Laden war gänzlich ungeeignet – das stellte ich auf den ersten Blick fest. Vor allem war er zu schick; man hatte sich darauf spezialisiert, kreative, ausgefallene Gerichte zu servieren. Die Betreiber wollten Leute, die aufs Essen konzentriert waren. Keine Schriftsteller, die auf ihren fliederfarbenen, blassblauen und weißen Leinentischdecken große Literatur verfassten.

Normalerweise suche ich mir originelle Cafés aus, keine Kettenrestaurants wie McDonald's. Nicht nur, weil bei solchen Restaurants fast alles aus Plastik ist und die Sitze oft unbequem sind: Sie brauchen einen Ort, der eine gemütliche, menschliche Atmosphäre vermittelt, keine durchorganisierte, steife, leuchtend orangefarbene.

Aber warum sich überhaupt Gedanken machen? Warum nicht einfach zu Hause bleiben und dort schreiben? Weil ein Tapetenwechsel manchmal gut tut, und weil es zu Hause Telefon, Kühlschrank, schmutziges Geschirr und Leute gibt, die an der Tür klingeln. Es ist sinnvoll, manchmal abzutauchen. Sie können in einem Café nicht einfach mal eben aufstehen und irgend etwas anderes erledigen, wie zu Hause.

Auch der eigene Geist ist trickreich. Wenn ich schreiben will, fallen mir plötzlich immer hundert Dinge ein, die ich jetzt gerade viel lieber tun würde. Ich hatte einmal für eine Woche eine Hütte im Norden von Minnesota. Am zweiten Tag setzte ich mich an die Schreibmaschine, um eine Kurzgeschichte zu schreiben. Ich blickte auf die Espen im späten Juni, auf Gemüsebeete und Zinien, in den strahlend blauen Himmel. Und plötzlich fand ich mich im Badeanzug knöcheltief im See wieder, der eine Viertelmeile von der Hütte entfernt lag. Als ich gerade mit einem Kopfsprung ins Wasser tauchen wollte, wachte ich auf: »Natalie, was machst du hier? Du warst doch gerade dabei, die dritte Seite deiner Kurzgeschichte zu schreiben!« Normalerweise lasse ich es gar nicht so weit kommen; ich reiße mich vorher zusammen.

Wir können es nennen, wie wir wollen, aber es ist im Grunde genommen derselbe Teil unseres Inneren, der aktiven Widerstand leistet und uns austrickst. Wem oder was möchte er ausweichen? Arbeit und Konzentration.

Im letzten Herbst hatte ich eine Phase, in der ich jedes Mal, wenn ich zu schreiben begann, in eine vollkommen gedankenfreie Euphorie geriet. Ich starrte aus dem Fenster und fühlte eine tiefe Liebe und Verbundenheit zu allem, was existiert. Manchmal saß ich die ganze Zeit, in der ich schreiben wollte, in diesem glückseligen Zustand da und starrte. Ich dachte: »Jetzt ist es so weit - ich werde erleuchtet! Das ist viel wichtiger als schreiben, und das sollte das Ziel allen Schreibens doch auch sein.« Nachdem das eine ganze Weile so gegangen war, bat ich Katagiri Roshi um seine Meinung. Er antwortete: »Oh, das ist bloß Faulheit. Mach dich an die Arbeit.«

Ich habe von diesen geschlossenen Wassertanks gelesen, in denen man im Dunkeln fast schwerelos in warmem Salzwasser treibt, unerreichbar für Reize und Ablenkungen von außen und so die Konzentration gesteigert wird.

Seltsamerweise kann das Arbeiten in Cafés auf ähnliche Weise die Konzentration fördern. Aber statt Reize und Ablenkungen zu reduzieren, regt die Atmosphäre in Cafés Ihre Sinne an, weckt und befriedigt sie, so dass Ihr schöpferisches Ich konzentriert arbeiten kann. Es ist, als ob man ein Baby mit Kunststückchen ablenkt, um ihm im richtigen Augenblick einen Löffel Brei einzuflößen. Mozart ließ sich, beispielsweise aus dem gleichen Grund, von seiner Frau Geschichten vorlesen, während er komponierte.

Aber die stimulierende Café-Atmosphäre kann auch auf andere Art genutzt werden. Probieren Sie es, steigen Sie auf das Karussell und riskieren Sie die Fahrt. Halten Sie Ihre Hand in Bewegung und schreiben Sie im Rhythmus der Energiewellen, mischen Sie Einzelheiten aus Ihrer Umgebung mit Ihren eigenen schnell wechselnden Gedanken. Die äußere Unruhe kann Sie anregen und Ideen in Ihnen wecken - ein ständiges Geben und Nehmen.

In Paris war ich erstaunt, wie viele Cafés es gab. Dort gilt es als unhöflich, einen Gast zur Eile anzutreiben. Sie können um acht Uhr morgens einen Kaffee bestellen und um drei Uhr nachmittags an derselben Tasse nippen - niemand wird Sie drängen. In *Paris - Ein Fest fürs Leben* (lesen Sie es - es ist großartig!) berichtet Hemingway über das Schreiben in Cafés und dass möglicherweise James Joyce nur ein paar Tische entfernt sitzen könnte. Als ich nach Paris kam, begriff ich sofort, warum es so viele amerikanische Schriftsteller nach Frankreich gezogen hat: Zu jedem Häuserblock gehören mindestens fünf Cafés, die alle zum Schreiben einladen.

Viele Menschen betrachten das Schreiben misstrauisch. Sie halten alles, was über das Ausfüllen von Formularen oder Schecks hinausgeht, für bedenklich. Sie blicken aber immer wieder heimlich zu Ihnen hinüber, weil man eben doch fasziniert ist. Schreiben gehört nicht unbedingt zum amerikanischen Lebensstil. Auch diese Haltung kann Vorteile haben: Wenn Sie in der Öffentlichkeit schreiben, lässt man Sie in Ruhe. Nur einmal in Nebraska kam eine nette, interessierte Kellnerin zu mir und fragte: »Was schreiben Sie denn da? Darf ich es lesen?« Wenn ich nicht unterwegs und in Eile gewesen wäre, hätte ich ihr nur zu gern die letzten vierzig Seiten zum Lesen gegeben.

Ach ja, und im Rainbow Café, einer Bar in Hill City in Minnesota rief mir einmal ein Teenie, der dort am Nachmittag Pool spielte, zu: »Hey, Sie schreiben ja schneller als ich denke!« Und ein wenig später: »Wenn Sie so weitermachen und morgen wiederkommen, haben Sie die halbe Stadt als Publikum.« Am besten, Sie lachen, antworten, bleiben immer freundlich.

Machen Sie sich einmal eine Liste von Bars, Cafés und Bistros, in denen Sie gewesen sind. Wenn Sie wollen, reichern Sie sie mit Einzelheiten an. Und warten Sie ab, wohin das führt. Seien Sie genau:

> *Terry's Café in South Dakota, wo ich Postkarten an meine Freunde in Minnesota schrieb. »Lieber Phil: Ich bin in South Dakota und will nach New Mecixo. Wir haben Ende Juli. Deine Hütte in St. Croix war ein Traum. Denk an mich. Und verzeih mir, dass ich abgereist bin. Ich esse gerade Salat mit Bohnen und Crackern.«*

> *Costa's Coffee Shop in Owatonna, Minnesota, gegenüber der Louis Sullivan Bank. Orangefarbene Sitzecken und ein zu öliger griechischer Salat.*

> *Snyder's Drugstore, wo Jim mir sagte, dass er verrückt nach den Schinkensandwiches ist ...*

Und nicht vergessen: Gehen Sie zum Schreiben auch hin und wieder in Waschsalons.

## Ein Raum zum Schreiben

Wenn Sie in einem eigenen Zimmer schreiben wollen, dann suchen Sie sich eins. Machen Sie kein großes Theater darum. Wenn es nicht hineinregnet, beheizbar ist und ein Fenster hat, stellen Sie Ihren Tisch, ein paar Bücherregale und einen bequemen Stuhl hinein und fangen Sie an zu schreiben. Ich kenne zu viele Leute, die erst die Wände streichen, Bilder und einen besonderen Tisch kaufen, beim Schreiner ein Regal aus Walnussholz bestellen und von Geschäft zu Geschäft ziehen, um den schönsten und kuscheligsten Teppich zu finden: »Schließlich ist es mein Zimmer und soll etwas Besonderes werden.«

Was einmal mehr eine Methode ist, sich vor dem Schreiben zu drücken. Ich habe Freunde, die sich wundervolle Räume eingerichtet und sich dann nicht hineingewagt haben. Sie zogen es vor, am Küchentisch zu schreiben. Es ist immer schwer, sich in einem edlen Raum mit den Unvollkommenheiten auseinanderzusetzen, die das Schreiben mit sich bringt. Wir schaffen uns wunderbare Orte der Stille und sehnen uns dann nach dem Lärm und dem Chaos eines Cafés. Viele Menschen machen ihr Stückchen Land zu einem herrlichen, kultivierten Garten und wünschen sich anschließend nichts mehr, als in einem wildwuchernden Wald zu sein, wo es Insekten, umgestürzte Bäume und Unordnung gibt. Es ist selbstverständlich, dass im Arbeitszimmer aufgeschlagene Bücher, mindestens eine Tasse mit einem alten Teerest, herumfliegende Zettel, Stapel von unerledigter Post, angebrochene Keksschachteln und einzelne Schuhe unter dem Schreibtisch zu finden sind.

Zen-Lehrer sind der Meinung, dass unsere Räume etwas über den Geist seiner Bewohner verraten. Es gibt Menschen, die sich vor dem leeren Raum fürchten; darum stellen sie jeden Winkel, jede Ecke zu. Es ist vergleichbar mit unserer Angst vor geistiger Leere, die dazu führt, dass wir ständig Gedanken und Dramen entwickeln. Aber ich glaube, dass ein Platz zum Schreiben etwas anderes ist. Ein wenig Unordnung deutet auf die Fruchtbarkeit des Geistes und auf eine Person hin, die schöpferisch tätig ist. Ein perfekt aufgeräumtes Arbeitszimmer verrät mir, dass sich der Besitzer vor seinem Ich fürchtet und ein inneres Bedürfnis nach Kontrolle hat.

Es ist gut, einen Raum zum Schreiben zu haben, aber er muss nicht von einem Innenarchitekten gestaltet sein. Ich erinnere mich noch gut an mein erstes Studio, das ich für fünfundsiebzig Dollar im Monat mietete. Es war ein großer Raum mit drei Fenstern im dritten Stock. Der Fußboden war noch nicht fertig. Ich musste mich drei Tage um die Gunst des Dobermanns des Besitzers bemühen, bevor der Hund mich in Abwesenheit seines Herrn ins Haus ließ. Trotzdem war mir dieses Zimmer sehr wichtig, denn ich hatte nun einen Raum ganz für mich allein, in dem ich schreiben konnte, was bedeutete, dass ich mich selbst ernst nahm. Ein Jahr zuvor hatte ich noch mit mir gekämpft, sechsundvierzig Dollar für einen Kassettenrekorder auszugeben, mit dem ich das laute Vorlesen meiner Gedichte üben konnte. Mit zunehmender Entwicklung und wachsender Hingabe ans Schreiben war ich bereit, dafür Geld auszugeben. Sehen Sie es so: Sich einen Platz zum Schreiben zu gönnen, ist ein Zeichen für Ihre wachsende Hingabe und Ernsthaftigkeit.

Allerdings: Neulich traf ich Meridel LeSueur in Taos, New Mexico. Sie ist inzwischen über achtzig und hat mehrere Romane, Kurzgeschichten und Gedichtbände verfasst. Sie erzählte mir, dass sie nirgendwo lebe. Sie besucht Leute, wohnt bei ihnen und schreibt, wo immer sie ist. Sie war gerade aus Kalifornien gekommen, wo sie ihre Tochter besucht hatte, und wollte nun zu Freunden in Taos, um dort zu schreiben. Sie fragte, ob sie irgendwo eine alte Schreibmaschine für etwa dreißig Dollar erstehen könne. Sie würde sie wieder abgeben, wie sie es überall täte, bevor sie sich zu ihrem nächsten Ziel aufmachte, um kein überflüssiges Gepäck mit sich herumschleppen zu müssen. So viel zum Thema Schreibstudios!

## Ein großes Thema: Erotik

Vielleicht möchten Sie irgendwann einmal über ein großes Thema schreiben, beispielsweise: »Liebe und Erotik«. Bei einem so umfassenden Thema besteht immer die Gefahr, dass man ins Philosophische abdriftet und abstrakt, umständlich und langweilig schreibt, ohne dem nahe zu kommen, was man wirklich sagen will. »Ah, ja, Erotik. Das hat doch mit sexuellen Instinkten und Verhalten zu tun ...« Und unterschwellig sind Sie während des Schreibens stets ein wenig nervös, weil Sie nicht wissen, wie Sie die Worte finden sollen, die Ihre Gefühle ausdrücken ... und weil Sie sich ein wenig davor fürchten, die Worte dann *doch* zu finden.

Entspannen Sie sich.

Fangen Sie immer bei sich selbst an und lassen Sie sich davon leiten. Erotik ist ein großes Wort. Wenn Sie nervös sind, sehen Sie sich in Ihrem Zimmer um. Beginnen Sie mit etwas Einfachem, ganz Konkretem: Ihrer Teetasse, einem schmalen Apfelstück, einem Kekskrümel auf Ihren roten Lippen. Manchmal muss man weit entfernt von der Antwort beginnen und sich erst zu ihr hinarbeiten. Schreiben ist ein Akt der Entdeckung. Sie wollen Ihre Einstellung zu einem Thema entdecken, nicht eine Definition aus dem Lexikon.

»Woher komme ich?« Eine Schülerin suchte sich dieses Thema für eine zeitlich begrenzte Schreibübung aus. Sie begann damit, über etwas zu schreiben, was sie gerade erlebt hatte: Sie hatte eine Freundin auf der Entbindungsstation besucht. Sie beschrieb die Einzelheiten ihres Besuchs und erzählte davon, wie sie einige Zeit später ihrer Freundin, dem Ehemann und dem Neugeborenen ein Essen zu Thanksgiving bereitet hatte. Die ganze Zeit über konnte man spüren, wie das ursprüngliche Thema in ihr arbeitete. Mitten beim Truthahnessen in Santa Fé wechselte sie plötzlich nach Brooklyn, zu ihrer eigenen Geburt und zu ihrer Mutter über. Man kann ein

Thema nicht immer direkt angehen; manchmal braucht es eine Weile, bis man dorthin gelangt.

Katagiri Roshi empfiehlt den Paaren: »Ihr sollt nebeneinander gehen, nicht gegenüberstehen.« Genau so sollten wir uns dem nähern, was wir sagen wollen - nicht frontal und aggressiv, sondern über einen kleinen Umweg. Wenn Sie sich gerade erotisch fühlen und darüber schreiben, wie Sie eine Melone essen, werden wir es beim Lesen spüren, selbst wenn Sie es nicht aussprechen.

Aber das bedeutet nicht, dass Sie nicht frei und schamlos werden dürfen, wenn Sie auf diese Weise über Erotik schreiben wollen. Nur wenn Sie sich gleich die Kleider vom Leib reißen und ins Wasser springen, könnte es Ihnen zu kalt werden. Mit einem Sprung sind Sie wieder draußen und überzeugt: »Das Thema ist eine Nummer zu groß für mich.« Nähern Sie sich dem Thema ganz bekleidet vom anderen Ufer aus und lassen Sie sich Zeit beim Überqueren des Flusses. Gehen Sie behutsam ins Wasser und beginnen Sie zu schwimmen - langsam und gemächlich. Wenn Sie währenddessen Ihre Kleider Stück für Stück ablegen, werden Sie das andere Ufer vollkommen nackt erreichen ... und sich in dem schamlos erotischen Zustand befinden, den Sie sich gewünscht haben, und das, ohne ängstlich und verlegen zu sein. Sie haben sich Zeit gelassen und stehen nun wieder auf festem Boden - der Leser hat die Phase mit Ihnen zusammen durchlebt. Nun ist er bereit, sich alles anzuhören, was Sie zu sagen haben. Also los, werden Sie wild.

Sie können ein großes Thema aber auch aus einer anderen Richtung angehen. Teilen Sie es in seine verschiedenen Aspekte auf. Wenn das Thema Erotik Sie stocken oder gleich verstummen lässt, gestalten Sie es geheimnisvoller. Hier ein paar Anregungen:

Was macht Sie scharf?
Schreiben Sie auf, welche Früchte in Ihren Augen etwas Erotisches haben.
Was essen Sie am liebsten, wenn Sie verliebt sind?

Welchen Teil Ihres Körpers finden Sie am aufregendsten?
»Der Körper wird zur Landschaft.« - *Meridel LeSueur*
Was verbinden Sie damit?
Wann haben Sie sich zum ersten Mal erotisch gefühlt?

Falls Sie nicht wissen, was erotisch ist, schreiben Sie so, als ob Sie es wüssten. Okay. Sie haben zehn Minuten Zeit. Wählen Sie ein Thema aus der Liste aus und notieren Sie Ihre Gedanken dazu. Vergessen Sie nicht, genau zu sein. Halten Sie Ihre Hand in Bewegung. Zensieren Sie sich nicht.

## Als Tourist in der Heimat

Schriftsteller schreiben über Dinge, denen die meisten Menschen kaum Aufmerksamkeit widmen. Über Zungen zum Beispiel, Ellenbogen, das Wasser, das aus dem Hahn kommt, die Müllautos in New York oder das verblasste Purpur eines Straßenschildes in einem kleinen Kaff. Ich sage meinen jüngeren Schülern immer: »Bitte keine Michael Jacksons, Atari-Spiele oder Serienhelden in euren Gedichten.« Die bekommen ohnehin schon genug Aufmerksamkeit durch Werbekampagnen, die mit Millionen-Budgets gefördert werden. Die Aufgabe eines Schriftstellers ist es, das Alltägliche lebendig werden zu lassen und die Menschen für das Besondere in unserem täglichen Leben zu sensibilisieren.

Wenn wir zu lange an einem Ort leben, stumpfen wir ab. Wir sehen nicht mehr, was um uns herum ist. Deswegen ist jeder Ausflug, jede Reise aufregend; wir sind an einem uns noch unbekannten Ort und empfinden alles als neu und originell. Ich habe eine Freundin, die in New York lebt. In ihrer Schulzeit hatte sie einmal einen Ausflug zum Empire State Building gemacht, war aber seitdem nie mehr oben gewesen. Als Freunde aus Minnesota uns besuchten, wollten sie sich diese Sehenswürdigkeit selbstverständlich nicht entgehen lassen. Und meine Freundin freute sich sehr auf dieses Ereignis – sie wäre von allein kaum auf den Gedanken gekommen, noch einmal hinaufzufahren.

Ein Schriftsteller sollte wie ein Tourist aus dem mittleren Westen sein, der das erste Mal nach New York kommt – ohne seine Stadt im Mittelwesten zu verlassen. Er sollte seine eigene Stadt wie ein Tourist betrachten, dann wird er auch sein ganzes Leben mit solchen Augen sehen. Vor kurzem zog ich nach Santa Fé um, und weil es kaum Jobs für mich gab, begann ich, als Teilzeit-Köchin in einem Restaurant zu arbeiten. Sonntag Morgen wachte ich um sechs

Uhr auf, um den ganzen Tag über für den Brunch zu kochen, und beklagte mein Schicksal. Um acht war ich damit beschäftigt, Karotten zu schnibbeln, nahm plötzlich das schöne Orange des Gemüses wahr und dachte: »Eine wirklich intensive Erfahrung.« Plötzlich liebte ich die Karotten. Dann musste ich darüber lachen. »Sieh an, das ist aus mir geworden. So leicht zufrieden mit so wenig!«

Lernen Sie, über das Alltägliche zu schreiben. Erweisen Sie einer alten Kaffeetasse, den Spatzen, den Stadtbussen oder einem Schinkenbrot die Ehre. Schreiben Sie alle möglichen alltäglichen Dinge auf. Und erweitern Sie diese Liste ständig. Geben Sie sich selbst das Versprechen, bevor Sie diese Erde verlassen, alles, was auf Ihrer Liste steht, mindestens einmal in einem Gedicht, einer Kurzgeschichte oder einem Zeitungsartikel zu erwähnen.

## Schreiben Sie überall

Okay. Ihre Kinder werfen mit Cornflakes herum. Sie haben nur noch einen Dollar fünfundzwanzig von Ihrem Haushaltsbudget übrig. Ihr Mann kann seine Schuhe nicht finden, der Wagen springt nicht an, und Sie sind sich bewusst, dass Sie ein Leben voll unerfüllter Träume führen. Die Bedrohung durch einen Krieg liegt in der Luft, in Afrika gibt es eine Hungersnot, draußen ist es zehn Grad unter Null, Ihre Nase juckt und Sie haben keine drei zusammen passenden Teller mehr fürs Abendessen. Ihre Füße sind geschwollen, Sie müssen unbedingt einen Zahnarzttermin machen, der Hund muss raus, das Huhn aufgetaut werden, Ihr Bruder wartet auf einen Anruf und Sie machen sich Sorgen, weil Ihre Mutter ein Glaukom hat. Sie haben vergessen, einen Film in die Kamera zu legen, im Supermarkt gibt's ein Supersonderangebot, Sie warten auf eine Jobzusage und Sie haben gerade einen Computer gekauft, den Sie noch auspacken und anschließen müssen. Sie sollten auf Schokokekse verzichten und stattdessen Sprossen essen, Sie haben Ihren Lieblingskugelschreiber verloren und die Katze hat gerade Ihr derzeitiges Notizbuch als Kratzbrett verwendet.

Nehmen Sie ein neues Heft, suchen Sie sich einen neuen Stift und schreiben Sie. Schreiben Sie. Machen Sie mitten in diesem Chaos einen mutigen Schritt nach vorn. Handeln Sie. Machen Sie die Augen auf und konzentrieren Sie sich aufs Überleben. Schreiben Sie. Schreiben Sie. Schreiben Sie.

Es gibt keine Idealbedingungen. Wenn Sie schreiben wollen, dann tun Sie es. Es gibt keine perfekte Atmosphäre, keinen perfekten Stift oder *den* Schreibtisch; lernen Sie also, flexibel zu sein. Üben Sie das Schreiben unter verschiedenen Bedingungen, an unterschiedlichen Orten. Versuchen Sie es in Zügen, Bussen, an Küchentischen, im Wald an einen Stamm gelehnt, an einem Flussufer, die Füße im

Wasser, in einer Wüste auf einem Felsbrocken, auf dem Bordstein vor Ihrem Haus, auf einer Veranda, einer Treppe, auf dem Rücksitz eines Autos, in der Bücherei, an einer Bistrotheke, in einer Gasse, auf dem Arbeitsamt, im Wartezimmer des Zahnarztes, in einer Bar, am Flughafen, in Texas, Kansas, Guatemala, während Sie eine Cola trinken, eine Zigarette rauchen, ein Tomaten-Sandwich, Salat oder ein Spiegelei essen.

Als ich in New Orleans war, besuchte ich einen Friedhof, auf dem sich die Gräber wegen des Grundwasserpegels über der Erde befanden. In der Hitze Louisianas setzte ich mich in den Schatten eines Grabsteins auf den Zement und begann zu schreiben. Eine Stunde verstrich, ehe ich wieder den Kopf hob. »Perfekt«, dachte ich. Und damit hatte ich nicht die äußerlichen Bedingungen gemeint - die waren alles andere als perfekt. Aber wenn man wirklich bei der Sache ist, zählt es nicht, wo wir uns gerade befinden - es *ist* perfekt. Das Wissen, dass man überall schreiben kann, gibt uns das wunderbare Gefühl von Unabhängigkeit und Sicherheit: Wenn Sie wirklich schreiben wollen, werden Sie eine Möglichkeit finden, egal was kommt.

## Schreiben ohne Grenzen

Gehen Sie noch ein Stück weiter, wenn Sie glauben, Sie seien fertig, Sie hätten alles gesagt, was Sie sagen wollten. Denn manchmal haben Sie ein Thema gerade erst berührt, obwohl Sie meinen, die Arbeit sei getan. Vielleicht entscheiden wir, dass wir genug gesagt haben, weil wir uns vor dem fürchten, was danach noch zum Vorschein kommen könnte. Wir haben an einer Wahrheit gerührt. Oft zeigt sich etwas wirklich Überwältigendes, wenn wir glauben, wir hätten das Ende erreicht.

Ich erinnere mich an eine Schülerin, deren Mutter an Krebs gestorben war. Sie schrieb eine Seite zu diesem Thema - einfache, gute Prosa - und stieg dann aus. Als sie den Text in der Klasse vorlas, spürte ich, dass dort noch mehr war, und sprach sie darauf an. Sie lächelte und sagte: »Na ja, die zehn Minuten waren um.« Schreiben Sie bis zur elften Minute, wenn es nötig ist. Ich weiß, dass es beängstigend sein kann, dass es zu einem echten Kontrollverlust führen kann, aber ich verspreche Ihnen, dass Sie es schaffen, hindurchzukommen und auf der anderen Seite sogar singend wieder ans Ufer treten. Vielleicht weinen Sie, bevor Sie zu singen beginnen, aber das ist in Ordnung. Halten Sie einfach Ihre Hand in Bewegung, während Sie sich ganz auf Ihre Gefühle einlassen. Ich habe beim Schreiben meiner besten Texte oft das Gefühl gehabt, als ob mir das Herz brechen würde.

Wenn ich mit Jugendlichen arbeite, erlebe ich immer wieder, dass sie in ihren Geschichten komplizierte Handlungsstränge entwerfen und am Schluss zu dem beliebten Trick »Und dann wachte ich auf« greifen, statt die Story aufzulösen und zu Ende zu bringen. Wenn Sie sich immer wieder daran hindern, beim Schreiben den Weg zu Ende zu gehen und zu einer wirklichen Auflösung zu kommen, ist es kein Traum, aus dem Sie aufwachen, sondern ein Albtraum. Schreiben bietet Ihnen eine großartige Möglichkeit, sich daraus zu befreien.

Selbst dann, wenn Sie es geschafft haben, Sie sind über Ihre Grenze gegangen, selbst dann geben Sie sich nicht zufrieden, gehen Sie einen Schritt weiter. Reiten Sie die Welle, so lange Sie können. Geben Sie nicht mittendrin auf. Denn dieser Augenblick wird sich, so wie er jetzt ist, nicht wiederholen, und es wird Sie später sehr viel mehr Zeit kosten, den Text zu beenden.

Ich gebe Ihnen diesen Rat aus Erfahrung. Gehen Sie immer weiter, als Sie glauben, Sie könnten es.

## Wecken Sie Mitgefühl

Ich bin auf einer griechischen Insel: die Ägäis, preiswerte Zimmer am Strand, Nacktbaden, kleine Tavernen, in denen man unter Bambusdächern Ouzo trinkt, Tintenfisch isst und den großartigen Sonnenuntergang beobachtet. Ich bin sechsunddreißig, meine Freundin neununddreißig. Es ist das erste Mal, dass wir beide in Europa sind. Wir nehmen alles in uns auf, aber nur halbherzig, da wir endlos reden und reden. Ich erzähle ihr von meiner Tanzdarbietung im rosafarbenen Tutu, als ich sechs Jahre alt war, und wie mein Vater in der ersten Reihe bei meinem Anblick in Tränen ausbrach. Sie erzählt mir von ihrem Ehemann, der damals als Hauptdarsteller zu einer Theateraufführung in seiner Katholischen Schule zu spät kam, und wie die Nonnen alle Schulkinder aufforderten, um sein Erscheinen zu beten, weil er der Star dieses Stückes war.

Am Dienstag komme ich zu dem Schluss, dass ich Zeit für mich allein brauche. Ich will umherwandern und schreiben. Jeder hat vor etwas Bestimmtem Angst - bei mir ist es die Einsamkeit. Diese große Angst ist gewöhnlich *das* Hemmnis auf dem Weg zur Erfüllung unserer Lebensträume. Ich bin Schriftstellerin. Schriftsteller verbringen sehr viel Zeit mit sich allein. Künstler sind in unserer Gesellschaft meist einsam. Alle anderen verlassen morgens das Haus, um zur Arbeit zu gehen. Und Künstler stehen außerhalb dieses Gesellschaftssystems.

Ich habe also beschlossen, den Tag allein zu verbringen, weil ich immer schon gern meine Grenzen kennen gelernt habe. Es ist Mittag, sehr heiß. Ich will nicht zum Strand gehen, und hier haben alle Läden über Mittag zu. Ich beginne mich zu fragen, was ich mit meinem Leben eigentlich so anstelle. Immer, wenn ich verwirrt oder meiner selbst nicht sicher bin, fange ich an, mein ganzes Leben in Zweifel zu ziehen. Es ist ein sehr schmerzlicher Prozess. Um diesen Gedanken zu entkommen, sage ich mir: »Natalie, du wolltest schreiben. Also tu's. Es ist mir egal, ob du durchdrehst oder dich einsam fühlst.« Also fange ich an. Ich schreibe über die Kirche in der Nähe, über das Boot im Hafen, meinen Tisch im Café. Es macht keinen besonders großen Spaß. Ich frage mich, wann wohl meine Freundin zurückkehren wird. Das Fünf-Uhr-Boot legt ohne sie an.

Ich kann kein Griechisch. Ich bin ganz allein und nehme meine Umgebung nur allzu bewusst wahr. Die vier alten Männer am Nebentisch ziehen die Fäden aus einem Berg grüner Bohnen, die vor ihnen auf dem Tisch liegen. Der, der sich dem Meer zuwendet, diskutiert mit dem Mann zu seiner Linken. Eine alte, schwarz gekleidete Frau am Hafen bückt sich, um ihren Strumpf hochzuziehen. Ich wandere zu einem Strand, den ich noch nicht kenne, und lese bei Sonnenuntergang *Die grünen Hügel Afrikas*. Ich entdecke eine Taverne, in der es frischen Tunfisch gibt. Ich versuche, mit meiner Umgebung in Kontakt zu treten. Meine Freundin fehlt mir sehr, aber ich überwinde die aufsteigende Panik, indem ich eins werde mit dem Sand, dem Himmel, meinem Leben. Ich laufe am Strand zurück.

In Paris stellt sich heraus, dass meine Freundin sich davor fürchtet, sich zu verlaufen. Ich mache mir darüber keine Gedanken: Wenn ich mich verlaufe, dann habe ich mich eben verlaufen. Das war's. Ich sehe auf meine Karte und finde den richtigen Weg. Es gefällt mir sogar, ziellos durch die Straßen von Paris zu wandern, ohne genau zu wissen, wo ich bin. Und so muss ich lernen, die Felder des Alleinseins zu durchwandern, es zu genießen und wenn mich Panik überkommt, meine Karte hervorzuholen, um meinen Weg zurück zu finden, ohne gleich auf das existenzielle Nichts dieser Welt zuzustürzen und alles in Frage zu stellen: »Warum bin ich überhaupt Schriftsteller?« – und mich über die Klippen zu stürzen.

Wenn wir also vor einem leeren Blatt sitzen, uns unsicher fühlen und nach Ideen hungern, mit einer Angst, jedes Gefühl verloren zu haben, dann sollten wir aus dieser Situation, aus dieser Spannung heraus schreiben. Diese Art zu schreiben, die in Unwissenheit und Dunkelheit beginnt, ist unkontrolliert und wir wissen nicht, wohin sie uns führt. Aber sie hilft, uns freizukämpfen und zu der Welt, wie sie ist, durchzubrechen. Aus diesem Chaos der Ängste und Hemmungen wird eine ernsthafte, ganz eigene Stimme entstehen.

Während meines Parisaufenthaltes las ich *Wendekreis des Krebses* von Henry Miller. Im vorletzten Kapitel grollt der Autor über die Schule in Dijon, in der er Englisch lehrt, über die Schüler, die sowieso alle Zahnärzte und Ingenieure werden, über den eisigen Winter und die ganze Stadt, die nichts als Senf hervorbringt. Er ist wütend, dass er dort fest hängt. Aber dann, ganz am Ende des Kapitels, sitzt er spät abends draußen vor den Toren der Schule, empfindet tiefen Frieden, gibt sich ganz dem Augenblick hin und erkennt, dass nichts gut oder böse ist, sondern dass alles einfach nur lebt.

Aus der Qual heraus zu schreiben, bringt Mitgefühl für unser kleines, mühsames Leben. In diesem Zustand innerer Zerrissenheit fühlen wir uns verbunden mit dem Beton unter unseren Füßen, dem trockenen Gras, das im heißen Wind knistert. Wir können die Dinge um uns herum, die wir einst häßlich fanden, mit all ihren Besonderheiten wahrnehmen - die abblätternde Farbe, die grauen Schatten, so wie sie wirklich sind: nicht häßlich, schlecht, sondern Teil des Lebens um uns herum. Wir beginnen, dieses Leben zu lieben, weil es unseres ist und wir in diesem Augenblick nichts Besseres finden werden.

## Zweifel ist Folter

Ein Freund von mir wollte nach Los Angeles umziehen, weil er hoffte, dort Kontakt zur Musikindustrie zu finden. Er war Musiker und Songwriter und wollte seine Ambitionen endlich verwirklicht sehen.

Katagiri Roshi sagte zu ihm: »Wenn du wirklich zu gehen entschlossen bist, will ich hören, wie deine Einstellung ist.«

»Na ja, ich werde mein Bestes geben. Ich denke, ich muss den Versuch wagen, und wenn es nicht klappt, dann klappt es eben nicht. Das kann ich dann akzeptieren.«

»Das ist die falsche Einstellung«, erwiderte Roshi. »Wenn man dich zu Boden stößt, musst du wieder aufstehen. Wenn man dich erneut zu Boden stößt, stehst du wieder auf. Und wenn man dich noch so oft zu Boden wirft - steh immer wieder auf. Das sollte deine Einstellung sein.«

Dasselbe gilt fürs Schreiben. Auf jedes Buch, das Erfolg hat, kommen wahrscheinlich Tausende, die noch nicht einmal veröffentlicht werden. Weitermachen müssen wir trotzdem. Wenn Sie schreiben wollen, tun Sie es. Wenn das eine Buch nicht veröffentlicht wird, schreiben Sie das nächste. Jedes wird ein wenig besser werden, weil Sie immer mehr Übung und Erfahrung gewinnen.

Ungefähr alle zwei Monate will ich das Schreiben aufgeben. Dann findet in mir folgendes Gespräch statt: »Das ist doch albern. Ich verdiene überhaupt nichts, mit Lyrik kann man nichts werden. Niemand will Gedichte lesen, ich fühle mich einsam, ich hasse es, es ist blöd, ich will ein geregeltes Leben.« Solche Gedanken sind reine Folter. Zweifel ist Folter. Wenn wir uns einer Sache ganz und gar hingeben, wird es deutlicher, wann es richtig ist, auszusteigen. Es ist ein ständiger Test der Entschlossenheit. Manchmal höre ich auf diese zweifelnden Stimmen und lasse mich für eine Weile von ihnen ablenken: »Ich glaube, ich gehe in die Wirtschaft oder ich mache ein Café auf, wo andere Schriftsteller hingehen können, um zu schreiben oder ich heirate, kriege Kinder, werde Hausfrau und koche die besten Hühnchengerichte.«

Hören Sie nicht auf Ihre Zweifel. Sie bringen nichts, außer schlechte Laune und Selbstanklagen. Es ist genauso wie mit dem inneren Kritiker, der Sie während des Schreibens immer wieder attackiert: »Das klingt blöd. Schreib das nicht. Für wen hälst du dich eigentlich, dass du glaubst, schreiben zu können?« Ignorieren Sie diese Stimmen, sie helfen Ihnen nicht weiter. Stattdessen bleiben Sie bei Ihrer Arbeit - mit Geduld, Humor und Entschlossenheit und mit der Überzeugung, dass Sie das Richtige tun. Erlauben Sie den Zweifeln nicht, Sie zu verunsichern und glauben Sie daran, dass Ihnen Zeit und Übung weiterhelfen.

## Etwas Süßes

Im jüdischen Glauben gibt es einen schönen Brauch: Wenn ein Junge mit dem Studium seiner Religion beginnt, wenn er sein erstes Wort aus der Thora gelesen hat, bekommt er ein wenig Honig oder etwas anderes Süßes. Er soll das Lernen stets mit etwas Süßem in Verbindung bringen. Mit dem Schreiben sollte es genauso sein. Betrachten Sie es von Anfang an als etwas Gutes und Angenehmes. Kämpfen Sie nicht damit. Machen Sie es sich zum Freund.

Und schließlich *ist* das Schreiben Ihr Freund. Einer, der Sie nicht im Stich lassen wird, auch wenn Sie ihn manchmal im Stich lassen. Das Schreiben ist eine Quelle des Lebens und der Lebenskraft. Manchmal komme ich erschöpft und niedergeschlagen von der Arbeit nach Hause, dann sage ich zu mir: »Natalie, du weißt, was du tun musst. Du musst schreiben.« Wenn ich klug genug bin, höre ich darauf. Wenn ich in einem destruktiven Zustand oder einfach nur faul bin, höre ich nicht darauf – und die niedergedrückte Stimmung hält an. Aber *wenn* ich dann schreibe, habe ich die Chance, mein Leben wieder in den Griff zu bekommen, was mich beruhigt und mir erlaubt, wieder mit mir selbst eins zu werden. Selbst wenn ich nur über die Staus auf den Straßen während der Rushhour schreibe und den morgendlichen Ärger dadurch noch einmal erlebe, gibt mir das ein Gefühl des Friedens und der Bestätigung.

Es gibt ein schönes Zitat von Gore Vidal: »Wie jeder Schriftsteller – und jeder Leser – weiß, ist gutes Schreiben der beste Trip von allen.« Machen Sie sich keine Sorgen über das »gut«; Schreiben allein ist der Himmel.

# Ein neuer Augenblick

Katagiri Roshi hat oft gesagt: »Wenn du auf einer dreißig Meter hohen Säule stehst, mach einen Schritt vorwärts.« Klingt beängstigend, nicht wahr? Endlich ist man oben angelangt, was ohnehin schon nicht einfach war, und dann darf man nicht einmal dort bleiben! Sie müssen weitergehen und ins Leere treten. Mit anderen Worten: Sie dürfen sich nicht auf Ihrem Erfolg ausruhen. Oder auf Ihrem Versagen. »Ich habe etwas Wunderschönes geschrieben.« Gut, aber es ist bereits ein neuer Augenblick. Schreiben Sie etwas Neues. Lassen Sie sich nicht vom Erreichten oder dem nicht Erreichten aufhalten. Machen Sie unter allen Umständen weiter. Das wird Sie gesund und lebendig halten. Eigentlich wissen Sie nicht mit Sicherheit, ob Sie hinunterfallen, wenn Sie einen Schritt über den Rand Ihrer Säule machen. Vielleicht fliegen Sie ja. Garantien gibt es keine. Schreiben Sie einfach weiter.

Die Tulpen kommen im Frühling aus der Erde. Aber warum? Natürlich, weil Sie die Blumenzwiebeln gesetzt haben und nun, im April, erwärmt sich die Erde. Aber warum? Weil die Erde sich um die Sonne dreht. Aber warum? Wegen der Schwerkraft. Warum Schwerkraft? Nur so. Und warum haben Sie überhaupt die roten Tulpenzwiebeln gesetzt? Allein wegen ihrer Schönheit, die keine Erklärung benötigt. Die Welt ist also leer. Etwas steigt auf und fällt zu Boden, und dafür gibt es keine Erklärung. Ist das nicht eine wunderbare Chance? Sie können in jeder beliebigen Minute neu beginnen. Vergessen Sie die Momente des Scheiterns, setzen Sie sich und schreiben Sie etwas Großartiges. Oder schreiben Sie etwas Schreckliches und fühlen Sie sich großartig.

Tony Robbins, der seinen Seminarteilnehmern beibringt, wie man über glühende Kohlen läuft, erzählte einmal eine Geschichte über einen Vertrag, der abgeschlossen werden sollte. Bisher hatte der Vertragspartner jedes Mal um Termine und Preise gefeilscht. Dieses Mal wollte Tony dem Handel eine neue Wendung geben. Er kaufte eine Wasserpistole, füllte sie und steckte sie in die Innentasche seines Tausend-Dollar-Anzugs. Als dann wieder das Thema Geld zur Sprache kam, zog er die Pistole und spritzte den anderen quer über den Tisch der Executive Suite im zehnten Stock eines Hotels nass. Der Vertragspartner war so überrascht, dass er zu lachen begann, plötzlich deutlich erkannte, dass sie jedes Jahr aufs Neue feilschten wie auf einem orientalischen Basar, und daraufhin den Vertrag unterzeichnete. Jeder Moment ist einzig. Nur weil Wasserpistolen bisher bei Verhandlungen nicht üblich waren, heißt das nicht, dass sie nicht benutzt werden können.

Überwinden Sie Ihren Widerstand jetzt gleich und schreiben Sie etwas Großartiges. Denn dies ist ein neuer Augenblick.

# Warum schreibe ich?

»Warum schreibe ich?« Gute Frage. Und eine, die Sie sich immer wieder stellen sollten. Keine Antwort wird Sie dazu bringen aufzuhören, und irgendwann werden Sie feststellen, dass Sie schon jede denkbare Antwort gegeben haben.

1. Weil ich ein Dummkopf bin.
2. Weil ich meine Freunde beeindrucken will.
3. Damit meine Mutter mich mag.
4. Damit mein Vater mich hasst.
5. Weil mir niemand zuhört, wenn ich etwas sage.
6. Weil ich eine Revolution entfachen will.
7. Weil ich einen Bestseller verfassen und Millionen verdienen will.
8. Weil ich neurotisch bin.
9. Weil ich die Reinkarnation von Shakespeare bin.
10. Weil ich etwas zu sagen habe.
12. Weil ich nichts zu sagen habe.

Baker Roshi vom San Francisco Zen Center sagte: »*Warum*? ist keine gute Frage.« Manche Dinge sind einfach, wie sie sind. Hemingway meinte: »Nicht das Warum, sondern das Was.« Geben Sie eine detaillierte Antwort. Überlassen Sie das *Warum* den Psychologen. Es genügt, wenn Sie wissen, dass Sie schreiben wollen. Tun Sie es.

Dennoch ist es richtig, sich der Frage zu widmen, nicht, damit Sie eine endgültige Erklärung finden, sondern um zu sehen, wie das Schreiben Ihr Leben mit vielen Beweggründen durchdringt. Schreiben ist keine Therapie, kann aber einen therapeutischen Effekt haben. Sie werden nicht, wie bei einer Therapie, mit dem Schreiben aufhören, nachdem Sie herausgefunden haben, dass Sie aus Mangel an Liebe schreiben, so wie Sie vielleicht (wenn Sie Glück haben) auf Süßigkeiten verzichten könnten, sobald sich in einer Therapie herausstellt, dass Schokolade für Sie Liebesersatz ist. Schreiben geht tiefer als eine Therapie. Sie schreiben durch Ihr Leiden hindurch, und selbst dieses muss herausgeschrieben und losgelassen werden.

In meinen Schreibkursen kommen immer schmerzliche Erinnerungen auf - der Tod des Ehemannes, das Ausstreuen der Asche eines toten Babys, das Erblinden einer Frau. Die Teilnehmer lesen die Stücke, die sie geschrieben haben, im Kurs vor; Weinen ist erlaubt, Hauptsache sie lesen weiter. Danach machen wir eine Pause und gehen dann zum nächsten Text über - nicht, weil wir den Schmerz ignorieren wollen (im Gegenteil), sondern weil es hier um das Schreiben geht. Weil sich hier eine Gelegenheit bietet, den Emotionen, die wir so oft durchlebt haben, Farbe, Licht und Ausdruck zu geben. Wir können Wut in leuchtend rote Blüten oder Kummer in eine heruntergekommene Gasse voller Eichhörnchen im Zwielicht eines Novembernachmittags verwandeln.

Schreiben besitzt enorme Energie. Fragen Sie sich: »Warum schreibe ich?« oder »Warum will ich schreiben?«, aber denken Sie nicht lange darüber nach. Nehmen Sie Stift und Papier und beantworten Sie die Frage mit klaren, positiven Aussagen. Diese Aussagen müssen nicht hundertprozentig stimmen, sie können sich auch widersprechen. Sogar Lügen sind erlaubt, wenn sie Sie weiterbringen. Und wenn Sie wirklich nicht wissen, warum Sie schreiben, dann antworten Sie, als wüssten Sie es.

*»Warum schreibe ich? Ich schreibe, weil ich mein ganzes bisheriges Leben über meinen Mund gehalten habe und weil ich, egoistisch wie ich bin, ewig leben und meine Familie verewigt sehen will. Mich schmerzt die Vergänglichkeit, das Verstreichen der Zeit. Hinter der Freude lauert die schleichende Furcht, dass all dies irgendwann vorüber sein wird –*

*dass das Café Croissant Express an der Ecke der Hennepin Avenue in Minneapolis, der großartigen Stadt im Mittelwesten des Mythos Amerika, mir eines Tages keinen heißen Kakao mehr servieren wird. Und ich werde nach New Mexico weiterziehen, wo niemand weiß, wie es sich anfühlt, hier, im Licht des Nachmittags, unter der silbernen Zimmerdecke und umgeben vom zarten Duft der frisch gebackenen Croissants zu sitzen.*

*Ich schreibe, weil ich allein bin und allein durch die Welt ziehe. Niemand wird wissen, was ich erlebt habe, und erstaunlicherweise weiß ich es selbst nicht. Nun, wo es Frühling geworden ist, kann ich mich nicht einmal mehr daran erinnern, wie es war, als wir vierzig Grad Minus hatten. Obwohl die Heizung lief, spürte man die Sterblichkeit durch die dünnen Wände unseres Hauses schreien.*

*Ich schreibe, weil ich verrückt und schizophren bin und es weiß und akzeptiere und etwas damit anfangen sollte, statt in die Klapsmühle zu gehen.*

*Ich schreibe, weil es Geschichten gibt, die noch nicht erzählt worden sind, weil ich eine Frau bin, die ihr Leben meistern will. Ich schreibe, weil ich nichts Kraftvolleres kenne, als ein Wort mit Lippen und Zunge zu bilden oder sich etwas auszudenken und zu wagen es niederzuschreiben, so dass es niemals mehr zurückgenommen werden kann. Ich schreibe, um mich zum Leben zu erwecken, um die Tiefen meines Inneren auszuloten, hervorzuholen und ihnen Farbe und Gestalt zu verleihen.*

*Ich schreibe aus der Unfähigkeit heraus zu begreifen, dass nicht einmal die Liebe ausreicht und Schreiben letztendlich alles ist, was ich habe, und dass auch das nicht genug ist. Ich kann niemals alles niederschreiben, und außerdem gibt es Zeiten, wo ich mich von Stift und Papier abwenden und meinem Leben widmen muss. Und dann wieder gibt es Zei-*

*ten, in denen nur die Beschäftigung mit Stift und Papier dabei hilft, dass ich mich mit meinem Leben auseinandersetze. Und ich schreibe aus dem Schmerz heraus, und um ihn loszuwerden; aus dem Wunsch heraus, stark zu werden und Geborgenheit zu finden und weil es sein könnte, dass das Schreiben die einzige Geborgenheit ist, die ich jemals haben werde.*

Das habe ich im Café Croissant Express im April 1984 geschrieben. Wenn ich diese Frage heute beantworten sollte, würde ich vielleicht vollkommen anders antworten. Wir schreiben für den Augenblick, in dem wir unsere Stimmung, unsere Gefühle, unsere Umgebung in diesem besonderen Moment wiedergeben. Das bedeutet nicht, dass eine Wahrheit wahrer ist als die andere - sie sind alle wahr.

Wenn also der Zweifler in Ihnen wieder auftaucht und fragt: »Warum verschwendest du deine Zeit? Warum schreibst du überhaupt?«, sollten Sie gleich zu Papier und Stift greifen und darauf antworten, aber ohne, dass Sie sich rechtfertigen. Sie tun es, weil Sie es tun. Sie tun es, weil Sie Ihre Handschrift verbessern wollen, weil Sie ein wenig verrückt sind, weil Sie den Geruch von Papier so lieben.

# Jeden Montag

Im vergangenen Winter schrieben meine Freundin Kate und ich jeden Montag gemeinsam. Wir trafen uns um neun Uhr morgens und schrieben bis zwei oder drei Uhr nachmittags. Manchmal hatte einer von uns eine Idee: »Wir schreiben über Trennungen. Okay? Los, eine Stunde lang.« Und weil wir nur zu zweit waren, lasen wir uns nach der Schreibsitzung unsere Texte immer laut vor. Und es waren immer sehr lange Texte.

Wir probierten verschiedene Cafés zum Schreiben aus und fuhren einmal sogar eine Stunde lang nach Owatonna, Minnesota, weil ich ihr unbedingt meine heißgeliebte Bank zeigen wollte, die Louis Sullivan entworfen hatte. Wir schrieben in der Kaffeebar gegenüber. Damals war ich arbeitslos und suchte nach einem Job. Sie hatte ein Stipendium.

Ich erzähle Ihnen das, weil es wichtig ist. Wir beide waren entschlossen, uns jede Woche für einen ganzen Tag dem Schreiben zu widmen, weil Schreiben, Gemeinsamkeit und Freundschaft wichtig sind. Und wir trafen uns immer montags, dem ersten Tag der Arbeitswoche. Stellen Sie sich das vor: An einem Montag, an dem jeder andere Mensch nichts anderes als seinen Job und seine Sorgen im Kopf hat.

Während meines dreimonatigen Aufenthalts in Jerusalem wohnte ich bei einer Israelin, die in ihren Fünfzigern war. Ihr Fernsehapparat war kaputt und sie rief den Techniker. Erst nach vier Besuchen hatte er den Apparat repariert. »Aber Sie wussten doch schon vor seinem ersten Besuch, was nicht stimmte. Er hätte ohne Probleme direkt die richtige Röhre mitbringen und sie einsetzen können.« Sie blickte mich erstaunt an. »Ja, aber dann hätten wir uns doch nie kennen gelernt, hätten nie zusammen Tee trinken und dabei den Fortschritt der Reparaturarbeiten besprechen können.« Das Ziel ist eben nicht allein die Reparatur einer Maschine, sondern menschliche Beziehungen.

Wichtig ist nicht nur, was Sie tun - »Ich schreibe ein Buch« -, sondern auch, wie Sie es tun, wie Sie es angehen und was Sie zu schätzen lernen.

Eine Freundin, die über mir wohnte, sagte einmal: »Natalie, du hast zu allem eine Beziehung, nicht nur zu Menschen. Du hast eine Beziehung zur Treppe, deiner Veranda, dem Auto, den Maisfeldern und den Wolken.« Wir sind Teil von allem, was existiert. Wenn wir das einmal erkannt haben, werden wir auch verstehen, dass nicht *wir* schreiben, sondern dass wir das Medium sind, durch das alles, was existiert, zu Wort kommt. Kate und ich beeinflussten einander, die Montage, die Straße, der Kaffee beeinflusste uns. Vergleichen Sie es mit Farben, die ineinander verlaufen.

Es gibt viele Wirklichkeiten. Das sollten wir bedenken, wenn wir uns zu viele Gedanken darüber machen, wie der Rest der Welt lebt. Es gibt unsere Leben und die Art und Weise, wie wir schreiben, den Regen, den Tisch, die Musik, die Pappbecher und Bäume berühren wollen.

Ein gutes Aufwärmtraining ist, zehn Minuten zum Thema »Was ich mag« zu schreiben und sich auf Gegenstände zu beschränken. Dadurch nehmen wir die Dinge als zu unserem Leben zugehörig wahr. Toaster, Straße, Bordstein, die Berge - all dies lebt mit uns. Diese Übung und das gemeinsame Schreiben mit einem Freund oder einer Freundin bringt uns dazu, wieder aus uns herauszufinden, wenn wir zu tief in uns selbst gefangen sind.

# Mehr über Montage

Über diese Montagstreffen mit Kate gibt es noch mehr zu sagen. Einmal trafen wir uns in ihrem Haus im ersten Stock, während ihre Kinder in der Tagesstätte waren und ihr Mann oben schlief. Auf dem Tisch stand ein Heizstrahler, der meine kalten Hände allerdings nicht wirklich wärmen konnte. Wir rauchten eine Zigarette nach der anderen, aber ohne zu inhalieren - wir taten nur so. Kate hatte sich einen Schal um den Hals gewickelt.

Wir sprachen über unsere Stimmen als Schriftstellerinnen. Wie kam es, dass sie so stark und mutig waren, während wir selbst im wirklichen Leben ziemliche Schwächlinge waren? Das ist es, was so verrückt erscheint: Die Diskrepanz zwischen der wunderbaren Liebe zur Welt, die wir empfinden, wenn wir schreiben, und der Gleichgültigkeit, mit der wir ihr in unserem Alltag begegnen. Hemingway konnte über die schier endlose Geduld von Santiago in seinem Fischerboot schreiben, selbst aber aus seinem Arbeitszimmer treten, seine Frau misshandeln und sich betrinken. Wir müssen diese beiden Welten aufeinander abstimmen. Kunst ist ein aggressionsfreier Akt. Wir müssen diese Kunst in unserem Alltag leben.

Wir verbrachten den Tag hauptsächlich mit Gesprächen. Zwischendurch schoben wir zwar zwei zwanzigminütige Schreibsessions und ein Gedicht von Kenneth Rexroth ein, aber der Rest bestand aus Reden, und das war ganz in Ordnung so. Der ganze Tag war wie ein gelungenes Gedicht: Freundschaft, kalte Füße, Katzen füttern, den Aschenbecher mit Kippen füllen. Und wenn wir klug gewesen wären, hätten wir auch noch bis tief in die Nacht dort gesessen, statt uns zu verabschieden, um wieder allein in unsere verschiedenen Welt zurückzukehren.

Katagiri Roshi sagt: »Unser Ziel ist, allen fühlenden Wesen immer und in jedem Augenblick freundliche Achtung entgegenzubringen.« Es bedeutet, dass es nicht damit getan ist, ein gutes Gedicht zu Papier zu bringen, wenn wir gleichzeitig auf unser Leben spucken, unsere Autos verfluchen und jemandem auf der Straße die Vorfahrt nehmen. Es bedeutet vielmehr, das gelungene Gedicht vom Schreibtisch in die Küche zu tragen. Denn so können wir als Schriftsteller überleben, auch wenn wir wenig zum Bruttosozialprodukt der Gesellschaft beitragen und kaum Anerkennung in der Öffentlichkeit bekommen. Wir schreiben nicht für Geld und Anerkennung - auch wenn es schön ist, beides zu bekommen.

Das bestgehütete Geheimnis tief im Inneren unseres Herzens lautet, dass wir aus Liebe zu unserer Welt schreiben. Aber ist es nicht an der Zeit, dieses Geheimnis zu lüften, uns zu öffnen und diese Wahrheit hinaus in die Wohnzimmer und Gärten und Supermärkte zu tragen? Lasst es erblühen: Das Gedicht und die Person, die es schreibt. Und lasst uns dieser Welt immer freundlich begegnen.

## Schreiben auf dem Basar

Lassen Sie sich nicht ausschließen, wenn in Ihrer Schule, Ihrer Kirche, dem Kindergarten oder Ihrem Zen Center ein Basar stattfindet. Reden Sie sich nicht ein, dass Sie nichts beizutragen hätten. Richten Sie einfach ganz spontan einen Schreibstand ein. Alles, was Sie brauchen, ist ein Stapel Papier, ein paar Stifte, die gut schreiben, ein Tisch, ein Stuhl und ein Schild, auf dem »Gedichte nach Wunsch« oder »Gedichte des Augenblicks« oder »Sie bestimmen das Thema, ich schreibe« steht.

Ich habe so etwas drei Jahre hintereinander für das Sommerfest und den Basar im Zen Center von Minnesota gemacht. Ich begann sehr zurückhaltend mit fünfzig Cents pro Gedicht, erhöhte aber im nächsten Jahr schon auf einen Dollar. Und den ganzen Tag über standen die Leute Schlange. Meine Kunden konnten mir jedes beliebige Thema vorgeben. Unter anderem hörte ich »Der Himmel«, »Leere«, »Minnesota« und natürlich »Liebe«. Die Kinder baten um Gedichte in Lila, auf ihren Schuhen, ihren Bäuchen. Ich hatte mir zur Regel gemacht, eine Standardseite zu füllen, nichts auszustreichen und nicht anzuhalten, um etwas nachzulesen. Ich machte mir auch keine Gedanken über Verse oder Reim-Schemata. Ich beschrieb die Seite wie die in meinem Notizbuch. Es war wie eine andere Art von Schreibtraining.

Berühmte japanische Zen-Poeten schrieben einzigartige Haikus, die sie in eine Flasche schoben und von einem Fluss davontragen ließen. Man könnte den Prozess des Loslassens nicht deutlicher demonstrieren. In unserem Jahrhundert vergleichbar ist der Stand, an dem Sie Gedichte schreiben und weitergeben. Außerdem ist diese Situation ein Training in Zwanglosigkeit. Schreiben Sie und lassen Sie das Geschriebene los, ohne es nochmals zu lesen. Manchmal hatte ich das Gefühl, als hätte ich einen echten Treffer gelandet, aber ich reichte dem Kunden nur sein bestelltes Gedicht und schrieb das nächste.

Man muss ein großer Krieger sein, um Geschäfte machen zu können, sagte Chögyam Trungpa. Man muss furchtlos und bereit sein, alles jederzeit zu verlieren. Das Schreiben am Stand gibt Ihnen Gelegenheit, zu einem großen Krieger zu werden: Schon während des Schreibens müssen Sie alles loslassen, und dann ein zweites Mal in dem Augenblick, in dem Sie dem Kunden Ihr Werk übergeben. Wenn Sie in diesem Tempo arbeiten, verlieren Sie wirklich die Kontrolle. Ich habe immer viel mehr geschrieben, als ich eigentlich preisgeben wollte. Und ich fürchtete mich davor, dass ein Kind mich bitten würde, ein zuckersüßes Gedicht über Jelly Beans zu verfassen und ich die Därme beschreiben würde, wie sie sich verfärben; grün, rot oder blau, je nach der Sorte der Bonbons.

Aber man sollte die Menschen niemals unterschätzen. Sie wollen durchaus den Stachel der Wahrheit spüren. Mein Stand war ausgesprochen beliebt. Obwohl die amerikanische Gesellschaft ihre Dichter und Schriftsteller nicht besonders unterstützt, wird das Schreiben insgeheim respektiert und verklärt. Als ich vor zehn Jahren nach Taos, New Mexico, ging, mietete ich ein heruntergekommenes Lehmziegelhaus für fünfzig Dollar den Monat. Mein Vermieter, ein Versicherungsagent in Albuquerque, war vor sechsunddreißig Jahren in diesem Haus geboren worden und verabscheute es. Er verachtete jeden, der sich freiwillig in der Gegend niederließ. Ich liebte das Häuschen mit der Inbrunst eines Fremden. Es war mir egal, dass es nur eine Außentoilette hatte, nur über einen Kaltwasserhahn verfügte und mit Holzöfen beheizt wurde. Ich gab mir sogar Mühe, dem Vermieter freundlich zu begegnen, wenn er sich in seinem großen Auto aus der großen Stadt herbequemte, aber es hatte keinen Sinn. Wir lebten in zwei verschiedenen Welten.

Eines Tages bekam ich per Einschreiben einen dicken Umschlag von ihm. Ich dachte, »Uh-oh, jetzt will er wieder die Miete erhöhen.« (Er tat das nämlich jedes Mal, wenn ich etwas renoviert hatte.) Als ich den Umschlag öffnete, fiel mein Blick als erstes auf einen Artikel, der aus einer Zeitung herausgerissen worden war. Es ging um die Dichterlesung, die ich in der vergangenen Woche gehalten hatte. Augenblicklich fuhr mir durch den Sinn: »Jetzt kündigt er mir.« Aber im Gegenteil. »Liebe Natalie«, schrieb er. »Erst jetzt habe ich erfahren, dass Sie Dichterin sind. Anbei fünfundzwanzig Gedichte, die ich in den letzten zehn Jahren verfasst habe. Bitte lesen Sie sie bei Ihrer nächsten Veranstaltung vor.« Ich hätte mir nicht einmal in meinen kühnsten Träumen ausgemalt, dass ausgerechnet Poesie eine Verbindung zwischen uns sein könnte!

Vor einem Jahr bekam ich Post von einem Mann in San Francisco, der mir schrieb, dass vieles in seinem Leben schiefgelaufen war und er sich daher zur Küstenwache gemeldet hatte. Er hätte nur zwei Dinge mit an Bord genommen: ein Foto seiner Familie und das Gedicht, das ich für ihn auf dem Basar in Minnesota vor drei Jahren geschrieben hatte. Inzwischen ginge es ihm wieder gut und er würde sein Geld mit Computern verdienen. Er fragte mich, ob ich mich vielleicht in finanzieller Not befände; falls ja, würde er mir gern Geld schicken. Er würde mein Gedicht noch immer in seiner Brieftasche mit sich herumtragen.

Ehrlich gesagt weiß ich überhaupt nicht mehr, was ich in diesem Gedicht für ihn geschrieben hatte, aber ich hoffe, dass es eines war über die riesigen Ahornbäume, die an diesem Nachmittag ihre Kronen hoch über unseren Köpfen ausbreiteten, über das Licht, das auf dem See gegenüber lag, über das Geräusch von Rollschuhen auf dem Asphalt, die Musik eines Saxophons in der Ferne und wie schön es war, den Sommer in Minnesota verbringen zu können.

Das Schreiben an einem Stand ist ein hervorragendes Training im Loslassen. Lassen Sie hundertprozentig los. Seien Sie von nun an mit jeder Faser ein Schriftsteller.

## Form und Inhalt

Wenn Sie in einer bestimmten Form schreiben wollen - Roman, Kurzgeschichte, Gedicht -, sollten Sie sehr viel aus diesem Genre lesen. Achten Sie auf den Rhythmus, die ersten Sätze, wie der Autor zum Ende kommt. Je mehr Sie aus Ihrer bevorzugten Gattung lesen, um so besser wird sich Ihnen die Struktur einprägen, so dass Sie sie verinnerlichen, und sie hervorkommt, wenn Sie sich zum Schreiben niedersetzen. Waren Sie bisher ein Dichter und Sie wollen nun einen Roman schreiben, dann müssen Sie zunächst lernen, in ganzen Sätzen zu schreiben, statt von einem Bild zum nächsten zu springen. Durch das Lesen von Romanen nimmt Ihr Körper ganze Sätze auf, er lernt die ruhige Hand, die den Szenenaufbau entwirft kennen, sieht die Farbe des Tischtuchs und erkennt die Methode, mit der der Autor seine Hauptfigur durch die Küche zur Kaffeekanne steuert.

Wenn Sie kurze Gedichte schreiben wollen, müssen Sie diese Gattung verinnerlichen und sich darin üben. Versuchen Sie, eine Reihe von zehn kurzen Gedichten zu schreiben. Für jedes haben Sie nur drei Minuten Zeit. Jedes sollte drei Zeilen lang sein. Beginnen Sie jedes Gedicht mit einem Titel, der aus dem entsteht, worauf Ihr Blick fällt - zum Beispiel Glas, Salz, Wasser, gespiegeltes Licht, das Fenster. Drei Zeilen, drei Minuten, die erste Überschrift lautet: »Glas«. Schreiben Sie ohne nachzudenken. Machen Sie einen Moment Pause. Dann beginnen Sie das nächste. Drei Minuten, drei Zeilen, Überschrift »Salz«. Machen Sie weiter, bis Sie diese Kurzform als Struktur in Ihrem Inneren gespeichert haben, so dass sie abrufbar ist, wann immer Sie sie brauchen. Gerade in kurzen Gedichten werden alle Wörter höchst ökonomisch verwendet, und die Überschrift sollte dem Inhalt eine zusätzliche Aussage geben, statt lediglich etwas zu wiederholen, das im Text des Gedichtes bereits erscheint.

Tony Robbins, der über glühende Kohlen geht, ist der Meinung, man solle zum Lernen immer einen Profi aufsuchen - jemanden, der sich seit dreißig Jahren mit dem Thema befasst. Studieren Sie sein Glaubenssystem, seine mentale Syntax - das Gefüge, in dem er denkt -, seine Art zu atmen, zu sprechen, zu stehen, wenn er das tut, worin er Meister ist. Mit anderen Worten: Nehmen Sie sich ihn zum Vorbild! Wenn Sie also ein Holzbrett vor sich haben, sind Sie nicht mehr Sie, sondern der Schwarzgurt in Karate, den Sie sich zum Vorbild genommen haben, und Ihre Hand wird nicht vor dem Brett Halt machen, sondern es in zwei Teile schlagen.

Allerdings hat dieses Verfahren seine Tücken. Die Form allein schafft keine Kunst. Zum Beispiel bringt man uns bei, dass ein Haiku eine kurze japanische Gedichtform ist. Sie hat siebzehn Silben, die auf drei Zeilen verteilt sind. Oft ist die Jahreszeit oder die Natur das Thema. In amerikanischen Grundschulen wird Kindern beigebracht, solche Dreizeiler zu entwerfen, aber es sind keine echten Haikus. Wenn Sie sich mit R.H. Blyth' englischer Übersetzung von Basho, Shiki, Issa und Buson - vier der größten Haiku-Meister - beschäftigen, werden Sie feststellen, dass der Übersetzer das vorgegebene Silben-Schema - fünf Silben in der ersten Zeile, sieben in der zweiten und wieder fünf in der dritten - nicht eingehalten hat. Japanisch unterscheidet sich zu stark von der englischen Sprache. Im Japanischen haben einzelne Silben weit mehr Bedeutung als im Englischen, so dass die Haiku-Kunstform in unserer Sprache auf schlicht drei Zeilen reduziert werden muss. »Okay, ich hab's jetzt. Ich habe mich intensiv mit Blyth' Übersetzung beschäftigt. Es geht vor allem um die drei Zeilen, das Silbenschema kann ich weglassen.« Schon, aber ... was ist es dann, das Haiku von einem beliebigen anderen Kurzgedicht unterscheidet?

Wenn Sie Haiku lesen, werden Sie feststellen, dass im Verlauf des Gedichtes ein Gedankensprung vollzogen wird, dem der Leser mental folgen muss. Dadurch entsteht im Kopf des Lesers das Gefühl eines plötzlich entstandenen Raumes, das nichts weniger ist als die Erfahrung von Gott. Wenn man es spürt, möchte man unwillkürlich ein »Aah« ausstoßen. Lesen Sie die folgenden Gedichte, die zunächst von R.H. Blyth aus dem Japanischen ins Englische übertragen worden sind. Nehmen Sie sich Zeit und halten Sie nach jedem einen Augenblick inne.

Zwischen den Gräsern,
blüht weiß eine Blume,
unbekannt der Name.
*Shiki*

Der Frühling geht,
zitternd, in den Gräsern
der Felder.
*Issa*

Duft und die Farbe
der Glyzine scheinen
so fern vom Mond.
*Buson*

Des Fasanen Ruf;
wie sehnte ich mich
nach meinen toten Eltern!
*Basho*

Dieses Gefühl des leeren Raumes ist es, was Haikus ausmacht. Selbst wenn wir Meister darin sind, Dreizeiler zu schreiben, braucht es sehr viel Übung, diese drei Zeilen mit einer Erfahrung von Gott anzureichern. Basho sagte, wenn man fünf Haikus in seinem Leben geschrieben hat, darf man sich Haiku-Dichter nennen, hat man aber zehn geschrieben, dann ist man ein Meister.

Es kann sein, dass Sie drei Romane schreiben müssen, bevor Sie einen wirklich guten zustande bringen. Die Form ist also wichtig und muss erlernt werden, aber wir dürfen dabei nicht vergessen, diese Form mit Leben zu erfüllen. Und das verlangt viel Übung.

## Die Droge Freiheit

Vor drei Jahren nahm David an einem meiner Intensiv-Workshops teil, die eine ganze Woche dauern. Zwanzig Personen hatten sich angemeldet. Einige davon waren Lehrer, die dafür Urlaub bekommen hatten, die anderen verdienten ihr Geld in unterschiedlichen Berufen. Alle hatten großes Interesse am Schreiben, aber einige waren am ersten Morgen des Workshops noch sehr zurückhaltend und nervös. Ich munterte sie mit den üblichen Tipps auf: Sie müssten ihrer eigenen Stimme vertrauen und ausdrücken, was ihnen auf dem Herzen lag. Dann schrieben sie zehn Minuten lang und lasen anschließend reihum vor, was sie verfasst hatten. Ich sah einige Leute beim Schreiben zittern - nicht unbedingt, weil sie etwas Weltbewegendes verfassten, sondern weil es eine sehr entblößende Erfahrung ist, sich zum ersten Mal vor einer Gruppe aus Fremden zu öffnen. Wir hörten Texte über Kindheiten, Farmen und über Nervosität. Kurz: Alles andere als ein ungewöhnlicher Beginn einer Schreibwerkstatt. Dann las David mit sehr lauter Stimme:

> Masturbation. Masturbation. Maaaaaas ... Ma! Ma! Ma!
> Ma! Mastur ba ba ba tion tion tion ...

Und so weiter. Das hatte alle wachgerüttelt.

David schrieb in dieser ganzen Woche kaum über ein anderes Thema. Vielleicht fragen Sie sich, wie ich auf der Basis dieser Texte so großes Vertrauen in seine Fähigkeiten haben konnte, aber so war es. Er hatte schon gleich am Anfang mit allen Syntaxregeln gebrochen, gesagt, was er sagen wollte, und verließ sich zur Verblüffung aller auch weiterhin auf seine Stimme. Seine Texte enthielten großartige Energie, und ich wusste, dass er ohne Probleme zu anderen Themen übergehen konnte, wenn er diese Energie richtig einzusetzen lernte. In den nächsten zwei Jahren meldete er sich immer wieder zu meinen Schreibgruppen an, und ich war beeindruckt von seiner Entschlossenheit und fasziniert von seinem Sinn für Humor (auch wenn ich manchmal die Einzige in der Gruppe war, die über ihn lachte). Es stimmt, man verstand nicht immer, wovon er überhaupt sprach, aber ich vertraute der Energie hinter seinen Worten.

Ich habe oft Schüler gehabt, die von Anfang an sehr klar und verständlich schrieben. Sie bildeten beschreibende, detaillierte und bodenständige Sätze. In Minnesota, im Herzen des mittleren Westens, konnte beinahe jeder so schreiben. Ich hörte Geschichten über Wirbelstürme, Winter, Großmütter. Doch nach einigen Jahren Erfahrung mit solchen Schülern und ihren Texten erkannte ich, dass es keine Weiterentwicklung gab. Weil sie bereits gut schreiben konnten, machten sie sich nicht die Mühe, neues Gelände zu erkunden und sich auf das Unbekannte einzulassen. Einmal hatte ich eine Gruppe, in der so solide und gut geschrieben wurde, dass ich die Teilnehmer nicht wachrütteln konnte. Ich wollte sie zu sabbernden Irren mit Schaum vor dem Mund machen, wollte, dass Sie sich hinauswagten, um Unbekanntes zu erforschen, aber es klappte nicht. Oh, sie wollten so gern begreifen, bemühten sich aber vergeblich. Und gegen Ende der Stunde gab ich plötzlich auf und sagte: »Jetzt weiß ich, was das Problem ist. Sie haben noch nie Drogen probiert.«

Das soll nicht heißen, LSD oder andere bewusstseinserweiternde Drogen würden jemanden zu einem besseren Schriftsteller machen. Was ich meinte, war, dass man an irgendeinem Punkt in seinem Leben etwas Verrücktes tun muss, die Kontrolle verlieren und ausgetretene Pfade verlassen, über den eigenen Horizont hinausblicken muss. Die Welt ist nicht das, wofür wir sie halten, sie ist nicht solide, strukturiert und ewig. Eines Tages werden wir sterben und wir haben keine Möglichkeit, es zu beeinflussen. Nehmen Sie bloß kein LSD. Gehen Sie lieber allein drei Tage in die Wälder. Wenn Sie Angst vor Pferden haben, kaufen Sie sich eins und freunden Sie sich mit ihm an. Erweitern Sie Ihre Grenzen, Ihren Horizont. Leben Sie eine Weile am Abgrund. Wir handeln, als seien wir unsterblich, und fühlen uns in dieser Illusion sehr sicher. Wir wissen nicht, wann wir sterben werden, und hoffen, dass es erst geschieht, wenn wir sehr alt sind, aber es kann uns in der nächsten Minute treffen. Dieser Gedanke an die Sterblichkeit ist keine Koketterie; er kann unserem Leben mehr Aktivität und ein schärferes Bewusstsein für unser Dasein geben.

Ich war überzeugt, dass David, der abgehoben und irgendwo in höhere Gefilde abgedriftet war, eines Tages wieder im grundsoliden Minnesota landen und uns seine Visionen nahe bringen würde. Er würde kreisend abwärts sinken und wie ein Profi-Fallschirmspringer haarscharf den Landepunkt erreichen. Er hatte sich viel Freiraum gegeben. Wenn Sie zu konkret beginnen, wird das Ihr Stil bleiben, Sie werden kaum den Punkt erreichen, wo eine Wahrheit Vergangenheit, Gegenwart und Zukunft verbindet und die Wörter vibrieren lässt.

Wichtig war Davids Entschlusskraft und seine Ausdauer. Ich war nicht überrascht, als ich vor kurzem erfuhr, dass er auf der University of Minnesota ein Seminar belegt hatte, in dem er lernte, überzeugende Essays und Abhandlungen zu schreiben, so dass ihn seine Energie schließlich zum Ziel führen würde. Und das erreichte er mit einem Text wie diesem:

## Beine
*von David Lieberman*

Ich sehe das Foto von Gerald Stern und Jack Gilbert
auf dem Cover von *Red Coal* -
Geralds Gang,
ich liebe ihn
ich liebe seinen Körper,
wie seine Beine die weiten Hosen füllen,
ihm die Haltung eines Löwen verleihen,
sein Gang und sein Geist offen und
über dem Saft von Paris herumwirbelnd
schimmernde Beine, Art Deco gleich,
wie schlanke Säulen,
Beine mit Geist.

Ich liebe Gerald Stern, wie er im Paris von 1950 geht,
und mich, wie ich durch The Mission, San Francisco gehe
im Februar mit Don
und die jungen mexikanischen Männer und auch Frauen,
die das Universum mit ihren Beinen herausfordern.
Nur in den Städten kann man dies sehen,
wo der Körper absorbiert
die Kraft der Straßen und
Läden und Autos und Bahnen und den Lärm
und die hundert Arten sich zu organisieren
und in Ton, Sicht und Geruch zu desorganisieren
und alles aufsteigt wie der Dampf
aus den U-Bahn-Schächten
und sich in den Körpern der Menschen sammelt
und ihren Geist befreit.

Suzuki Roshi bemerkt in *Zen Mind, Beginner's Mind:* »Man kontrolliert andere Menschen am leichtesten, indem man ihnen genügend Raum für Ausgelassenheit bietet. Dadurch werden sie im weitesten Sinne beherrschbar. Einem Schaf oder einer Kuh eine große Weide zu überlassen, ist nur eine andere Methode der Kontrolle.« Auch beim Schreiben ist eine große Weide wichtig. Schränken Sie sich nicht zu früh ein. Geben Sie sich unermessliche Weiten, in denen Sie herumwandern und sich ganz und gar verlieren können, dann kehren Sie zurück und erzählen.

## Das Schreiben sein lassen

Um Ihren Stil zu verbessern, müssen Sie trainieren. Wie beim Sport. Aber lassen Sie das Training nicht zur blinden Routine werden. »Ja, ich habe heute eine Stunde geschrieben, gestern eine Stunde geschrieben und vorgestern auch.« Arbeiten Sie nicht bloß Ihre Zeit ab. Das ist nicht genug. Sie müssen sich große Mühe geben. Seien Sie bereit, Ihr ganzes Leben einzubringen, wenn Sie sich für Ihre Schreibübung niedersetzen. Sonst bewegen Sie lediglich Ihren Stift über das Papier, wobei Sie wahrscheinlich immer wieder auf die Uhr schauen, um zu sehen, wann Sie Ihr Pensum erledigt haben.

Es gibt Menschen, die sich an die Regel »Jeden Tag schreiben« halten und sich nie verbessern, weil sie nur eine selbst auferlegte Pflicht erfüllen. Aber Pflichterfüllung ohne Leidenschaft kostet mehr Kraft und ist eine echte Energieverschwendung. Wenn Sie merken, dass Ihre Grundhaltung durch Pflichterfüllung bestimmt ist, lassen Sie das Schreiben sein. Lassen Sie es für eine Woche oder ein Jahr bleiben. Warten Sie ab, bis Sie ausgehungert sind, bis Sie unbedingt etwas sagen müssen, bis sich in Ihnen eine schmerzende Sehnsucht aufgebaut hat. Dann beginnen Sie aufs Neue.

Machen Sie sich keine Sorgen. Sie haben keine Zeit verloren. Ihre Energie wird direkt und stärker und nicht verschwendet sein. Und jetzt sagen Sie sich vielleicht: »Toll. Ich schreibe so lange nicht mehr, bis ich es richtig will, und schon bin ich meine Sorgen los.« Aber auf diese Formel lässt es sich leider nicht reduzieren. Probleme werden Sie immer haben, doch die Glut der Ausdrucksfähigkeit wird mehr Raum und Luft bekommen, um wieder zu einem Feuer zu erwachen. Sie werden sich mehr und entschlossener engagieren müssen, wenn Sie an Ihren Schreibtisch zurückkommen.

Etwas Ähnliches gilt, wenn Sie sich eine bestimmte Zeit – ein paar Wochen, einen Monat, ein ganzes Wochenende lang – beim

Schreiben besonders angestrengt haben. Anschließend sollten Sie sich eine Weile ausruhen. Beschäftigen Sie sich mit etwas vollkommen anderem und hören Sie auf, ans Schreiben zu denken. Sie könnten zum Beispiel das dunkle, hässliche Wohnzimmer streichen - machen Sie es weiß. Versuchen Sie, ein paar Rezepte, die Sie aus Magazinen herausgerissen haben, nachzukochen. Nutzen Sie Ihre Energie für etwas ganz anderes. Erledigen Sie Ihre Steuerangelegenheiten oder spielen Sie zwei Wochen ausschließlich mit Ihren Kindern. So lernen Sie Ihren Rhythmus kennen - wann Sie schreiben müssen und wann Sie Ruhe brauchen -, und sich selbst. Dann werden Sie nicht mehr blind irgendwelchen Regeln folgen.

Bei diesem Thema muss ich an eine gute Freundin denken, mit der ich einen Monat lang durch Europa reiste. Ihr Alltag zu Hause war sehr anstrengend: Sie hatte alle Hände voll zu tun, ihren Lehrauftrag zu erfüllen und ihren vierjährigen Sohn großzuziehen. Auf unserer Reise wollte sie jeden Tag eine Stunde schreiben, und sie setzte ihren Vorsatz auch um. Aber es tat mir weh, ihr dabei zuzusehen, denn sie erfüllte diese Aufgabe mit dem gleichen Pflichtbewusstsein, das sie für ihre Rolle als Lehrerin, für das Zubereiten von Mahlzeiten und Wäschewaschen aufbrachte.

In Gesprächen erfuhr ich, dass sie in ihrer eigenen Grundschulzeit keinen einzigen Tag gefehlt hatte. Selbst wenn sie krank gewesen war, bestand ihre Mutter darauf, dass sie zur Schule ging. Uns wird beigebracht, Pflichten zu erfüllen und ihren Wert nicht in Frage zu stellen. In den sechs Jahren, in denen ich in Minnesota lebte, traf ich viele Leute, die mir stolz von ihrem lückenlosen Schulbesuch erzählten. Aber ich sehe nicht recht, welchen Sinn das haben soll. Sicher, Verlässlichkeit, Ausdauer und Disziplin sind Tugenden, die man sich aneignen sollte, aber doch nicht strikt und ohne darüber nachzudenken.

Die Welt ist nicht schwarz und weiß, es muss auch Grau- und Blauschattierungen geben. Es gibt Zahnarzttermine, Trauer über den Tod des Hundes, jüdische Feiertage oder indianische Rituale,

Halsschmerzen, die Großmutter, die zu Besuch kommt. Das Leben ist vielseitig. Wir sollten uns genügend Flexibilität in unserem Alltag bewahren, auch deshalb, damit wir unsere Schulbildung schätzen lernen, die uns lesen und schreiben gelehrt hat.

Flexibilität und Abstand sind auch für das Schreiben nötig. Schreiben verlangt Engagement. Ja, nach einer Stunde Schreiben haben Sie Seiten mit Wörtern gefüllt, aber Sie können sich nichts vormachen. Sie müssen auch ins Grau und Blau eindringen, in Ihre Gefühle, Hoffnungen, Träume. Irgendwann muss dieser Durchbruch kommen - wenn nicht bei dieser Schreibübung, dann morgen oder übermorgen. Wenn Sie nach jahrelangem Schreiben nicht weiterkommen, bedeutet das, dass Sie weder mit sich selbst noch mit Ihrer Arbeit verbunden sind. Wenn sich hinter all Ihrem Pflichtgefühl der Wunsch verbirgt, Schriftsteller zu werden, Sie aber nicht mehr als die nötige Zeit dafür aufwenden, ist das nicht genug.

Manchmal muss man auch etwas in seinem Leben ändern, um weiterzukommen. Schreiben allein reicht nicht. Als meine Freundin und ich abends am Flughafen von Mailand saßen und ein Glas Wein tranken, fragte sie mich: »Denkst du, dass ich ein Schriftsteller werden kann?« Ich musste die Wahrheit sagen. »Na ja, ich denke, dass du ein gutes Leben und eine glückliche Ehe führen wirst und dass dein Sohn ein prächtiger Kerl wird. Aber ob du eine Schriftstellerin werden kannst, weiß ich nicht.« Sie stellte ihr Glas heftig auf den Tisch und sagte mit mehr Elan und Entschlossenheit, als ich auf der ganzen bisherigen Reise bei ihr erlebt hatte: »Aber ich denke nicht daran, mich in meinem Leben damit zufrieden zu geben, sonntags Hot Dogs zu machen!« Als unsere Reise zu Ende ging, war sie entschlossen, ihren Lehrerjob an den Nagel zu hängen und sich etwas ganz Neuem und Verrücktem zu widmen: Sie hatte sich immer schon gewünscht, ein weiblicher Barkeeper zu werden. Die letzten Tagen unserer Reise steckten ihre Texte voller Vitalität.

Als ich im Mittelwesten lebte, wanderte ich gern durch Maisfelder. Ich fuhr hinaus aufs Land, parkte meinen Wagen und lief stundenlang zwischen den Reihen der hohen Gewächse. Im Herbst konnte man die trockenen Stängel knistern hören. Als ich einmal eine Freundin fragte, ob sie mitkommen wollte, war ihre erste Reaktion: »Aber ist das denn erlaubt? Die Felder gehören doch irgendjemandem, oder?« Ja, genau genommen hatte sie Recht - wahrscheinlich war es nicht erlaubt, aber ich schadete ja niemandem damit. Bisher hatte mich niemand verjagt, und wenn ich auf meinen Wanderungen gelegentlich einem Farmer begegnete, dann amüsierte er sich höchstens darüber, dass mir das Spaß machte.

Es ist wichtig, jede Situation auch zu fühlen. Wozu vorher Regeln aufstellen, wo es nicht nötig ist? Statt Regeln zu befolgen, sollten Sie allem Existierenden freundlich begegnen. Regeln werden gemacht, damit niemand Schaden erleidet. Wenn Sie freundlich und nett sind, tun Sie genau das Richtige, ohne sich auf Gesetze berufen zu müssen. Ich wusste, dass man den Mais nicht abreißen oder auf Wurzeln treten darf. Ich wanderte zwischen den Reihen.

Seien Sie nicht brav und pflichtbewusst, nur um brav und pflichtbewusst zu sein. Dafür gibt es keinen Grund. Gehen Sie in Maisfelder. Machen Sie sich mit ganzem Herzen an Ihre Arbeit. Stellen Sie keine Regel auf - »Ich schreibe jeden Tag« -, die Sie dann nur aus Prinzip und im Grunde widerwillig erfüllen.

Aber denken Sie daran: So wie meine Freundin ihr Leben ändern musste, um sich mit ganzem Herzen dem Schreiben zu widmen, kann auch das Gegenteil wahr werden. Das Schreiben verändert Ihr Leben! Sie können sich nicht mit Haut und Haaren Ihrer Leidenschaft verschreiben, plötzlich den Stift fallen lassen, nach Hause gehen, »nett sein« und die Wahrheit vergessen. Wenn Sie sich bei Ihrem Schreibtraining für die Ehrlichkeit entscheiden, wird diese auch Ihr ganzes Leben beeinflussen.

So sollte es sein. Andernfalls ist die Kluft zwischen Ihnen als Schriftsteller und der Person, die Sie in Ihrem Alltag sind, zu groß. Und hierin liegt die Herausforderung: Lernen Sie vom Schreiben das Leben und vom Leben das Schreiben - ein steter Austausch.

## Folgen Sie Ihrer Berufung

Ich war auf einer Hochzeit in Taos, New Mexico, und unterhielt mich mit einem Mann, den ich vor zehn Jahren in der Lama Foundation kennen gelernt hatte. Ich erinnerte mich, dass er in jenem Sommer ein ganzes Bohnenfeld mit der Hand gepflügt, bearbeitet und bepflanzt hatte. Er sei nun Bauunternehmer, sagte er mir, aber wenn er wirklich seiner Berufung folgen würde, müsste er Schriftsteller werden. Aber: »Bauen ist leichter.« Ich erzählte ihm von diesem Buch und dass ich erst tags zuvor plötzlich eine Abneigung wie noch nie gegen das Schreiben empfunden hatte. »Ich hätte am liebsten laut geschrien und meine Schreibmaschine zertrümmert. Ich wollte nie wieder auch nur ein Wort schreiben.«

Er sah mich direkt an. »Tja, aber was sollten Sie sonst tun?«

»Nichts.« Und das war die Wahrheit.

Wenn Sie Schreiben als Ihre Berufung akzeptiert haben, nachdem Sie alles andere ausprobiert haben – Ehe, Hippietum, Reisen, Umzüge nach Minnesota oder New York, den Job als Lehrer, spirituelle Übungen –, dann gibt es am Ende keinen anderen Ausweg. Wie stark also auch irgendwann einmal Ihr Widerstand, Ihre Abneigung sein mag – heute ist ein Tag und morgen ein anderer, mit der Arbeit, die vor Ihnen liegt. Erwarten Sie nicht, dass jeder Tag gleich gut ist – so kann es nicht sein. Heute haben Sie vielleicht einen produktiven Tag gehabt, morgen würden Sie am liebsten auf einem Tanker nach Saudi Arabien anheuern. Es gibt keine Garantien. Vielleicht glauben Sie nach drei guten Tagen endlich Ihren Rhythmus gefunden zu haben, aber da ist die Phase auch schon wieder unterbrochen und Ihr Stift kratzt nur mühsam über das Papier.

Betrachten Sie das Ganze. Sie haben sich für das Schreiben entschieden oder wollen herausfinden, ob dies Ihre Berufung ist. Dann unterbrechen Sie auf keinen Fall Ihre Übungen. Wenn Sie in der

Zeit Ihrer Übungen mit Ihrem Kind zum Zahnarzt müssen, dann schreiben Sie im Wartezimmer oder lassen Sie es heute sein. Halten Sie unbedingt den Wunsch nach Ihrem verrückten, herrlichen, albernen Schreibtraining wach. Wer kehrt nicht lieber zu einem Freund statt zu einem Feind zurück? Dogen, ein Zen-Buddhist aus dem dreizehnten Jahrhundert, fand: »Jeder Tag ist ein guter Tag.« Das ist die ultimative Einstellung, die wir unserem Schreibtraining gegenüber einnehmen sollten, auch wenn es gute *und* schlechte Tage gibt.

Vor zwei Jahren gewann ich ein Schreibstipendium. Ich durfte eineinhalb Jahre nichts als schreiben. Aber ich konnte keinen Rhythmus finden, der länger als vier oder fünf Tage lang funktionierte. Ich versuchte, von neun Uhr morgens bis ein Uhr mittags zu schreiben – zuerst klappte es, dann nicht mehr. Ich versuchte es von zwei bis sechs. Das ging eine Weile gut. Dann schrieb ich, wann immer mir danach war. Das war mal okay, mal nicht. Jede Woche probierte ich einen anderen Zeitplan. Ich hatte ja die Möglichkeit, es zu jeder Tages- oder Nachtzeit zu versuchen. Perfekt war nichts. Das Wichtige aber war, dass ich nie die Verbindung zum Schreiben verlor, egal wie viele verschiedene Taktiken ich auch probierte.

Schreiben ist wie Atmen. Sie hören nicht damit auf, auch wenn Sie im Garten Blumenzwiebeln setzen, vor einer Klasse stehen oder mit der U-Bahn fahren, Sie atmen trotzdem weiter ein und aus. Genauso ist es mit dem Schreiben. Dazu etwas aus meinem Notizbuch vom 27. Juli 1984:

> *»Ich weiß, dass die Arbeit in meinem müden, widerwilligen Geist mir mehr bedeutet als alles andere auf dieser Erde. Nicht die Freude oder die Ekstase, die ich manchmal empfinde, nicht die kurzen Momente der Erhellung, sondern das Gefühl in mir für all die banalen Dinge meines Alltags, in dem ich lebe und immer weiter schreibe, ist es, was eine tiefe Zärtlichkeit und Sanftheit in mir weckt und zu einem glühen-*

*den Mitgefühl für alles, was um mich herum existiert, wird. Ein Mitgefühl, nicht nur für den Tisch und die Cola vor mir, den Strohhalm, die Klimaanlage, die Männer, die an diesem Julitag in Norfolk, Nebraska, die Straße überqueren, während die Digitaluhr der Bank 16:03 anzeigt, für meine Freundin, die mir gegenüber schreibt, sondern auch für die verworrenen Erinnerungen und tiefen Sehnsüchte unseres Geistes, für das Leiden, durch das wir uns täglich kämpfen. Und das geschieht ganz von allein, während ich meinen Stift über die Seite führe und die harte, feste Schale meiner Gedanken und meiner selbst auferlegten Beschränkungen durchbreche.*

*Schreiben und Schriftsteller zu sein ist etwas, das tiefgehende Empfindungen mit sich bringt. Tiefer als alles, was ich kenne. Und ich glaube, es wird meine Bestimmung in dieser Welt sein, – bis zu meinem Lebensende. Daran muss ich mich immer und immer wieder erinnern.«*

## Das werden Sie mögen

Wenn Sie Probleme beim Schreiben haben und nichts Vernünftiges zustande bringen, schreiben Sie einfach über Essen. Essen ist etwas Handfestes und etwas, an das sich jeder erinnern kann. Einmal hatte ich eine Schreibgruppe, in der wir einfach nicht vorankamen. Jede Übung endete nichtssagend. Dann hatte ich eines Tages eine Idee: »Okay, Sie haben zehn Minuten. Schreiben Sie über Ihr Lieblingsessen.« Die Texte waren sehr lebendig, voller farbenfroher Einzelheiten. Nirgendwo Abstraktionen. Positive Energie ging von den Teilnehmern aus. Wenn es ums Essen geht, wissen Menschen sehr genau, was sie mögen, und schreiben daher entschieden, konkret und offen.

Diane DiPrima, eine Dichterin der Beat Generation, schrieb ein Buch mit dem Titel *Dinners and Nightmares*. In der ersten Hälfte geht es ausschließlich um Gäste- und Einkaufslisten und Gerichte, die sie gegessen oder zubereitet hat. Eine wunderbare Geschichte handelt von einem Winter in New York, den sie nur mit Keksen überstanden hat. Es ist großartiger Lesestoff, niemals langweilig. Schließlich isst jeder gern.

Schreiben Sie über Gerichte oder Nahrungsmittel, die Sie am liebsten mögen. Seien Sie genau. Beschreiben Sie detailliert. Wo haben Sie was gegessen? Mit wem waren Sie zusammen? In welcher Jahreszeit? Was war das Beste, was Sie letzte Woche gegessen haben? »Diese Banane, die ich am Dienstagmorgen in der kalten Küche gegessen habe, hat die Welt zum Stillstand gebracht.«

Von dem Tisch, dem Käse, der blauäugigen Freundin gegenüber, dem Glas Wasser, der gestreiften Tischdecke, der Gabel, dem Messer, den weißen Tellern, dem Salat, der Butter und dem Glas blassen Rosé können Sie abschweifen in Erinnerungen, Zeit, Raum, Gedanken, nach Israel, Russland, zu Religion, Bäumen und dem

Gehweg. Dann haben Sie ein Stichwort, mit dem Sie anfangen können, etwas Konkretes direkt vor Augen.

Gut, einige von Ihnen sind vielleicht nicht gesellig. Oder Sie haben noch nie in Ihrem Leben eine anständige Mahlzeit bekommen, Sie sind pleite und haben keine Freunde. Nun, dann fangen Sie einfach mit dem letzten ranzigen Käsebrot an, das Sie in Ihrer unmöblierten Bruchbude mit den Küchenschaben geteilt haben. Das ist Ihr Leben; fangen Sie an damit.

## Der Wert der Einsamkeit

Gestern Abend saß ich mit einer guten Freundin im Wohnzimmer. »Weißt du, Natalie, ich habe dich schon oft über Einsamkeit reden hören, aber letzte Woche, als ich mich wirklich einsam fühlte, war mir so, als wäre ich der erste und einzige Mensch auf der Welt, der je so empfunden hat!« So ist das mit der Einsamkeit. Wenn wir uns mit anderen Menschen, auch anderen einsamen Menschen, verbunden fühlten, würden wir uns nicht mehr verlassen fühlen.

Als ich von meinem Mann geschieden wurde, sagte Katagiri Roshi zu mir: »Du solltest allein leben. Du solltest diese Erfahrung machen. Das ist die endgültige Heimat.«

»Aber werde ich mich an die Einsamkeit gewöhnen?«

»Nein, das wirst du nicht. Ich dusche jeden Morgen eiskalt, und jeden Morgen ist es wie ein Schock, aber ich stelle mich trotzdem immer wieder aufrecht in die Dusche. Einsamkeit wird immer schmerzen, aber du musst lernen, sie zu ertragen und dich nicht davon umwerfen zu lassen.«

Etwas später in diesem Jahr ging ich noch einmal zu Roshi. »Es fällt mir wirklich schwer. Ich komme nach Hause, bin allein und gerate in Panik.« Er wollte wissen, was ich tat, wenn ich allein war. Und plötzlich faszinierte der Zustand mich. »Na ja, ich mache den Abwasch, träume vor mich hin, kritzele Herzchen auf Papier und male sie aus. Ich zupfe die welken Blätter von den Zimmerpflanzen und höre ziemlich viel Musik.« Ich begann, meine Einsamkeit zu untersuchen, Interesse daran zu entwickeln. Ich hörte auf, sie zu bekämpfen.

Schreiben hat sehr viel mit Einsamkeit zu tun. Wer wird meine Arbeit lesen, wen wird sie interessieren? Ein Student fragte mich einmal, ob ich für mich oder eine Leserschaft schreiben würde. Wenn Sie schreiben, tun Sie so, als würden Sie mit jemand anderem reden. Kommen Sie aus der tiefen Schlucht der Einsamkeit hervor und erklären Sie sich einem anderen Menschen. Schreiben Sie, damit andere Sie verstehen. Kunst ist Kommunikation. Kosten Sie die bittere Einsamkeit und entwickeln Sie aus dieser Erfahrung Mitgefühl und Verbundenheit mit anderen Menschen, die einsam waren oder sind. Dann stellen Sie sich jemanden vor, dem Sie Ihr Leben erzählen wollen. Verbinden Sie sich mit einer anderen einsamen Seele. »So habe ich mich gefühlt, als ich Ende August abends mit meinem blauen Auto allein durch Nebraska gefahren bin.«

Nutzen Sie die Einsamkeit. Ihr Schmerz weckt den dringenden Wunsch, sich wieder in die Welt einzufügen. Lassen Sie sich von diesem Schmerz weiterführen, zu dem Bedürfnis sich auszudrükken, zu reden, zu erklären, wer Sie sind und was Ihnen Licht, Räume und Schlaflieder bedeuten.

## Blauer Lippenstift (und eine Zigarette im Mundwinkel)

Manchmal kommt man um die Erkenntnis nicht herum: Wir schreiben langweilig, haben uns satt, sind unsere Stimme und das Material, über das wir gewöhnlich schreiben, gründlich Leid. Und wenn nicht einmal das Ausweichen in Cafés irgendeine Besserung bringt, ist es an der Zeit, andere Methoden zu finden, die uns zum Schreiben anregen. Färben Sie Ihr Haar grün, lackieren Sie Ihre Nägel lila, lassen Sie sich die Nase piercen, verkleiden Sie sich als Vertreter des anderen Geschlechts, probieren Sie eine Dauerwelle.

Tatsächlich reichen manchmal schon Kleinigkeiten, um Sie mental auf einen anderen Weg zu bringen. Wenn ich mich zum Schreiben hinsetze, habe ich oft eine Zigarette aus dem Mundwinkel hängen. Falls ich in einem Nichtraucher-Café sitze, zünde ich sie nicht an. Ich rauche sowieso nicht wirklich, also spielt es auch keine Rolle. Die Zigarette ist ein Hilfsmittel, mich in eine andere Welt zu träumen. Wenn ich tatsächlich Raucherin wäre, würde es nicht funktionieren. Es geht darum, etwas zu tun, was Sie gewöhnlich nicht tun.

Leihen Sie sich die schwarze Lederjacke Ihres Freundes, schlendern Sie wie ein Hell's-Angels-Rocker durchs Café, setzen Sie sich und schreiben Sie. Tragen Sie eine Baskenmütze, Hausschuhe und ein Nachthemd, Springerstiefel, Blaumann, einen dreiteiligen Anzug oder Lockenwickler oder rollen Sie sich in die amerikanische Flagge ein. Setzen Sie sich in ungewöhnlicher Stimmung zum Schreiben nieder. Nehmen Sie statt eines Notizheftes einen Zeichenblock. Tragen Sie Weiß und ein Stethoskop um den Hals. Versuchen Sie alles, um sich einmal anders zu fühlen und so die Welt mit anderen Augen wahrzunehmen.

## Heimkehr

»Ich habe ihre Ausstellung in New York gesehen und fand, dass irgendetwas fehlte. Sie müsste mal wieder nach Hause zurückkehren, um den Kreis zu schließen.« Diese Bemerkung stammt aus einem Gespräch zweier Freunde, das ich zufällig mithörte.

Es ist wichtig, nach Hause zurückzukehren, wenn Ihr Schreiben sich vollenden soll. Dazu müssen Sie nicht wieder bei Ihren Eltern einziehen und Taschengeld kassieren, aber Sie sollten sich auf Ihre Herkunft besinnen, sie sich bewusst machen. Ehren Sie sie - oder akzeptieren Sie sie wenigstens.

Ich hatte eine Freundin, die einen Mann italienischer Herkunft geheiratet hatte. Sie schrieb sehr oft über seine Familie und die Gespräche beim Abendessen. »Tolles Material«, sagte ich ihr, »aber ich traue der Sache nicht, bis ich auch etwas über deine Familie gelesen habe. Sag mir, wie es ist, eine Weiße, eine Protestantin, eine Frau aus der oberen Mittelschicht zu sein. Ich weiß es nämlich wirklich nicht.« Oft finden wir das Leben anderer interessant, unseres dagegen langweilig und ereignislos. Wir verlieren unsere Mitte aus den Augen und fühlen uns aus der Bahn geworfen, weil wir glauben, etwas suchen zu müssen, das wir nicht besitzen. Wir handeln wie ruhelose Geister. Das bedeutet nicht, dass wir nur über uns selbst schreiben sollten, aber der Blick, den wir nach außen werfen, sollte von Großzügigkeit bestimmt werden. »Ich bin reich und sie sind reich.«

Ich war bereits seit etlichen Jahren Zen-Schülerin, als ich plötzlich begann, mich von Meditation zu Meditation jüdischer zu fühlen. Als ich mit Katagiri Roshi darüber sprach, sagte er: »Das ist nur natürlich. Je öfter du meditierst, desto näher kommst du deinem wahren Ich.« Ich erkannte, wie arrogant ich gewesen war, mein Erbe zu missachten, ohne wirklich etwas darüber zu wissen.

Ihre Herkunft beeinflusst Ihr Schreiben, sogar das Sprachmuster. Ich habe oft unbewusst im Rhythmus hebräischer Gebete und Gesänge geschrieben, indem ich mir die Wiederholungen zunutze machte. Obwohl meine Familie nicht religiös war, nahm ich oft an den Festen der Hohen Feiertage teil. Kinder sind leicht zu beeindrucken. Und es geschieht auch in der Kindheit, dass der Rhythmus der Muttersprache verinnerlicht wird. Ich habe einmal gehört, dass sich die Größe eines Dichters nicht über seine Worte definieren lässt, sondern über seine Fähigkeit, sich auf den Rhythmus einer Sprache einzustimmen.

Während des Schreibtrainings werden Sie feststellen, dass Sie sich oft ein bestimmtes Muster zu eigen machen - das kann die Art sein, wie der Gottesdienst jeden Sonntag abgehalten wird, der Beat eines Songs oder das Rufen eines Auktionators. Sie schreiben nicht die Worte der Predigt nieder, sondern füllen das Sprachmuster, das sich Ihnen eingeprägt hat, mit eigenen Worten und Gefühlen aus. Dieses Muster kann als Vehikel für das, was Sie sagen wollen, dienen. Es ist, als würden Sie sich an einen Stromkreis anschließen.

Darüber hinaus hat jede Familie, jede Region ihre ganz eigenen liebenswerten sprachlichen Eigenheiten. Lernen Sie sie kennen und nutzen Sie sie. Großmutter, die auf eine dumme Frage von mir mit der Gegenfrage »Legt ein Pferd Orangen?« konterte, ist nur ein Beispiel. Schreiben Sie die Redensarten auf, die in Ihrer Familie umgehen, und verwenden Sie sie in Ihren Texten.

Aber kehren Sie nicht nach Hause zurück, um sich dort niederzulassen. Tun Sie es, um sich zu befreien, um sich allem, was Sie sind, zu stellen, statt bestimmten Dingen auszuweichen, denn das wird sich in Ihren Texten offenbaren. Wenn Sie zum Beispiel beim Thema Sexualität Unbehagen verspüren, wird man es merken, weil Sie das Thema entweder niemals anschneiden - ganz als würden Ihre Charaktere allesamt ein mönchisches Dasein fristen - oder aber permanent über Nutten und Pornos schreiben. Besser ist es, eine Einstellung zu finden, in der Sie sich wohlfühlen.

Man hört immer wieder von Leuten, die zu ihren Wurzeln zurückkehren. Das ist gut, solange man nicht von diesen Wurzeln festgehalten wird. Aus Wurzeln entstehen Äste, Blätter, Blüten - alles Dinge, die sich dem gewaltigen Himmel über uns entgegenstrecken. Viele Dinge gehören mit zu unserer Persönlichkeit. Als ich in Israel nach meinen Wurzeln suchte, erkannte ich, dass ich neben Jüdin auch Amerikanerin, Feministin, Schriftstellerin und Buddhistin war. Wir sind die Kinder unserer Zeit - das kann gleichzeitig ein Dilemma und ein Vorteil sein. Aber wir sind nicht nur das eine oder das andere. Es wird immer schwerer, unsere Wurzeln freizulegen, aber wir sollten es unbedingt tun, obwohl wir das gern vermeiden, weil oft schmerzvolle Erinnerungen damit verbunden sind - weswegen wir uns von ihnen abgewandt haben.

Als ich nach Minnesota zog, sagte Jim White, ein Dichter, zu mir: »Was immer du tust - werd' bloß kein Regional-Schriftsteller.« Tappen Sie nicht in die Falle der Provinzialität. Wenn Sie über Kühe in Iowa schreiben, sollten Sie gleichzeitig auch an die Kühe in Russland oder anderswo denken, die irgendwann als Gulasch in Schüsseln und auf Tellern landen, um die Menschen diesseits und jenseits des großen Wassers zu ernähren. Erkunden Sie Ihre Gegend, aber bleiben Sie nicht dort stehen. Lassen Sie Ihre Neugier wecken und sich anregen, die Welt zu erkunden.

Als ich begann, das Judentum zu studieren, beschränkte ich mich nicht nur auf Gebete und Religion. Ich musste mich auch mit dem Grauen des Holocaust, mit der Geschichte Israels und den Wanderungen meines Volkes auseinander setzen. Dadurch entwickelte ich zum ersten Mal Verständnis für politische Bewegungen und den Kampf der Menschen außerhalb Amerikas. Darin, dass man sich mit dem einen Volk verbunden fühlt, liegt die Chance, Mitgefühl für alle Völker zu empfinden. In Israel begriff ich, wie hart das Leben war - nicht nur für die Juden, sondern auch für die Araber. Durch die Beschäftigung mit meinen Wurzeln wurde ich fähig, die Verzweiflung auf beiden Seiten zu verstehen.

Kehren Sie also nach Hause zurück. Nicht, um damit zu prahlen, dass Ihr Onkel im zweiten Weltkrieg ein Oberst war, sondern um behutsam und gründlich Ihr Volk zu erforschen und von dort aus andere Völker und ihre Probleme zu verstehen.

Natürlich wollen alle Schriftsteller bis zu einem gewissen Grad bekannt sein. Deswegen treten sie hervor und äußern sich. Hier haben Sie eine Chance, den Leser tief in Ihr Herz vordringen zu lassen. Sie können durch eigenes Wissen und Empfinden beschreiben, wie es ist, Katholik, ein Mann, ein Südstaatler, ein Farbiger, eine Frau, ein Homosexueller, ein Mensch zu sein. Weil sie mehr darüber wissen als jeder andere. Wenn Sie genau wissen, wer Sie sind und aus diesem Wissen heraus schreiben, werden Sie der Welt helfen, indem Sie ihr Verständnis vermitteln.

## Der Erzählerkreis

In Taos veranstaltete ich mehrere Male einen Erzählerkreis. Ich lud Freunde von den umliegenden Hügeln zu mir nach Hause ein. Wir setzten uns im Kreis auf den Boden. Durch die Wände hörte man die Glocken an den Hälsen von Shels Ziegen, und ich wusste, dass Bill Montoyo mal wieder seine Schafe still und heimlich an unserem Garten vorbeitrieb, damit sie das ungewöhnlich hohe Gänsefußkraut fressen konnten, das hier wuchs.

In der Mitte unseres Kreises von ungefähr zehn Leuten zündete ich eine Kerze an. Kerzenlicht verzaubert die Atmosphäre. Dann bat ich meine Gäste: »Und jetzt erzählt mir von einer Zeit, in der ihr wirklich glücklich wart.« Andere Male hatte ich nach einem geliebten Ort gefragt oder nach einem Moment tiefster Niedergeschlagenheit, hatte um die ungewöhnlichste Geschichte gebeten oder um eine, »die ihr gern erzählen würdet«.

Wir erzählten reihum. Geschichten bleiben im Kopf. Auch nach sieben Jahren kann ich mich noch an sie erinnern.

*Rick: Im Garten des Hauses in Larchmont, in dem ich aufgewachsen bin, stand eine große Ulme. Als ich sechs war, schaffte ich es bis fast hinauf in die Krone, bis zu meinem Lieblingsast. Es war im Spätherbst; der Baum hatte keine Blätter mehr. Ich legte mich auf meinen Lieblingsast, schlang die Arme darum und schloss die Augen. Ein kräftiger Wind wehte und mein Ast, der sehr lang und kräftig war, wiegte sich mit mir. Ich werde dieses Gefühl der Verbundenheit und Liebe zu diesem Baum nie vergessen.*

*Lauchlan: Einmal arbeitete ich während des Sommers vier Monate lang als Ranger in den Wäldern von Oregon. Ich war die ganze Zeit über allein, und weil niemand in meiner Nähe war, trug ich so gut wie nie Kleidung. Ich befand mich tief im Wald. Als der Sommer sich dem Ende zuneigte, war ich braungebrannt und sehr gelassen. An einem Tag Ende August hockte ich mich nieder, pflückte Beeren von einem Busch und aß sie gleich dort. Plötzlich spürte ich eine feuchte Berührung an meiner Schulter und wandte langsam meinen Kopf. Hinter mir stand eine Hirschkuh und leckte mir den Schweiß von der Schulter. Ich bewegte mich nicht. Dann trat sie neben mich und wir beide pflückten Seite an Seite Beeren. Ich war erschüttert, dass mir ein Tier in der Wildnis so sehr vertraute.*

*Joseph: Die Geschichte handelt nicht direkt von mir, sondern von dem Freund meines Mitbewohners. Ich nenne ihn Bill. Bill kam aus Frankreich. Er war etwas merkwürdig, bestimmt nicht ganz dicht. Er arbeitete mit Delfinen und liebte diese Tiere. Er hieß bei uns nur der Wissenschaftler. Es war die Anfangszeit von LSD; wir nannten es damals noch Lysergsäure, und einige von uns machten ihre Erfahrungen damit. Wir achteten dabei aber immer darauf, dass der Wissenschaftler nichts merkte, denn wir hatten Angst, dass er auch etwas nehmen und völlig durchknallen würde.*

*Na ja, irgendwann bekam er das Zeug dann doch in die Finger. Wir dachten alle nur »Uh-oh«, versuchten aber, locker zu bleiben. Er zog seine Jacke an – es war spät abends – und verschwand aus der Wohnung. Er ging zu seiner Arbeitsstelle, schloss auf und beobachtete die Delfine. Später erzählte er uns, dass eine Delfinkuh sich plötzlich in Marilyn Monroe verwandelte – mit Brüsten, Lippenstift und allem – und ihn zu sich winkte. Er zog sich die Klamotten aus, sprang ins Wasser und schlief mit ihr. Er schwor uns, dass er es wirklich getan hatte. Wir anderen fanden das ziemlich abstoßend,*

*und mein Freund, der damals mit ihm zusammen wohnte, zog kurz danach aus.*
*Aber ich glaube, er könnte tatsächlich die Wahrheit gesagt haben. Ein paar Jahre später wohnte ich bei Freunden in Venice Beach in Kalifornien. Wir waren die ganze Zeit auf Drogen. Es war Mitte der Sechziger, und wir hatten das ganze Haus mit leuchtenden psychedelischen Mustern dekoriert. Im avocadogrünen Bad stand ein Goldfischglas mit zwei Fischen darin. Eines Tages - ich hatte was eingeworfen - ging ich am Strand spazieren. Ich kam zurück, ging ins Bad und betrachtete die Goldfische. Einer wurde plötzlich zu Brigitte Bardot. Spontan griff ich ins Glas, packte den Fisch am Schwanz, und bevor ich begriff, was ich tat, hatte ich ihn schon runtergeschluckt. Ich war absolut verblüfft.*

*Brett: Ich war zu Besuch bei meiner Großmutter Chloe in Kankakee, Illinois. Sie war damals schon zweiundachtzig, und ich hatte sie seit vier Jahren nicht mehr gesehen. Ich war vernarrt in sie und freute mich ungeheuer. Aber der Besuch sollte nicht ganz so werden wie erwartet. Ich kam von Minnesota, wo ich damals lebte. Als ich zu ihrem Haus kam, war sie im Garten und beugte sich gerade über ein paar rote Löwenmäulchen. »Chloe!«, rief ich. Sie drehte sich um und sagte: »Oh, Brett, komm her, ich will dir was zeigen.« Als ich bei ihr war, zeigte sie mir, wie man Löwenmäulchen zusammendrückt, dass sie wie ein Häschen aussehen. Dann nahm sie meine Hand und führte mich zu ihren beiden Pfirsichbäumen. »Davon werde ich Marmelade machen«, sagte sie. »Chloe, du hast mich seit vier Jahren nicht gesehen«, erwiderte ich. Sie griff nach oben und pflückte einen Pfirsich und hielt ihn mir zur Begutachtung hin. »Ich weiß, Schätzchen. Du hast mir gefehlt«, antwortete sie. Dann gingen wir ins Haus, wo ich ihre berühmten Maultaschen zu essen bekam, und sie sprach von den Nachbarn, meinem Vater und wie sehr sie sich wünschte, er würde endlich in die Kirche gehen. Sie redete mit mir, als ob ich nie fortgewesen wäre.*

An diese vier Geschichten kann ich mich noch lebhaft erinnern. Unsere Geschichten sind wichtig. Bitten Sie auch einmal Ihre Freunde zu einem Erzählerkreis. Alles, was Sie brauchen, ist eine Kerze. Drogen oder Alkohol sind nicht nötig. Geschichten bezaubern uns auch ohne Hilfsmittel. Wenn Sie später wieder allein sind, schreiben Sie die Geschichten auf. Achten Sie nicht auf Stil oder Grammatik: Schreiben Sie einfach, wie Sie reden würden. Das bringt Sie auf den Weg.

## Der Schreibmarathon

Normalerweise findet am Ende eines achtwöchigen Schreibworkshops ein Schreibmarathon von vier Stunden statt. Man braucht natürlich nicht unbedingt einen Kurs dazu. Ich habe auch schon einmal nur zu zweit einen ganzen Tag geschrieben. So funktioniert es in der Gruppe: Jeder willigt ein, die volle Zeit zu bleiben. Dann machen wir einen Zeitplan: Zuerst eine zehnminütige Session zum Beispiel, dann eine zweite mit zehn Minuten, dann eine von fünfzehn Minuten, danach zwanzig Minuten, und am Ende eine halbstündige Schreibrunde. Wir schreiben also zuerst alle zehn Minuten lang, gehen dann durch den Raum und lesen reihum vor, was wir geschrieben haben, ohne dass Kommentare abgegeben werden. Wenn die Gruppe zu groß ist und das Lesen zu viel Zeit in Anspruch nehmen würde, wechseln sich die Teilnehmer mit dem Lesen ab, so dass jeder vielleicht nur ein über das andere Mal an die Reihe kommt. Natürlich entsteht nach jedem vorgelesenen Text eine Pause, aber sie wird nicht mit Beifall oder anderen Bemerkungen gefüllt. Es gibt kein Gut oder Schlecht, kein Lob, keine Kritik. Wir lesen, was wir geschrieben haben, dann ist der Nächste an der Reihe. Jeder kann passen, wenn er will, keiner braucht ein zweites Mal zu lesen. Wenn jemand lieber mehrfach aussetzen will, ist das in Ordnung. Hier geht es um etwas anderes - dass man irgendwann aufhört zu denken. Man schreibt, man liest, man schreibt, man liest - man wird immer unbefangener. Alle sitzen im gleichen Boot, und da niemand einen Kommentar abgibt, hat man immer weniger Hemmungen zu schreiben, was man will.

Nach einer Weile hört sich die eigene Stimme fremd an; man ist nicht mehr sicher, ob man selbst oder ein anderer im Raum etwas gesagt hat. Da keine Bemerkungen gemacht werden dürfen, kann man denjenigen, zu dessen Text man etwas sagen möchte, in der nächsten Runde ansprechen: »Bev, ich weiß genau, was du meinst. Auch meine Eltern haben sich immer am Küchentisch während des Abendessens gestritten.« Der Verzicht auf Kommentare nach dem Vorlesen baut ein gesundes Redebedürfnis auf. Diese Energie können Sie in die nächste Schreibrunde einfließen lassen. Schreiben Sie, lesen Sie, schreiben Sie, lesen Sie. Es ist eine gute Methode, den inneren Kritiker auszuschalten und sich die Freiheit zu nehmen, alles zu schreiben, was einem durch den Sinn geht.

In der Mitte des Raums steht immer ein Kasten, in den die Teilnehmer Themenvorschläge werfen können. Zu Beginn jeder Schreibsession wird ein Zettel gezogen und das Thema vorgelesen. Es ist kein Muss, über das jeweilige Thema zu schreiben, aber es hilft denjenigen, denen spontan nichts einfällt. Sie werden überrascht sein: Der Schreibmarathon versetzt Sie in einen losgelösten Zustand, in dem Sie über so gut wie jedes Thema schreiben können. Das vorgegebene Thema kann aber ebenso nur als Aufwärmtraining für Ihre Hand dienen: »Schwimmen. Ich bin eine großartige Schwimmerin, sehr sicher im Wasser. Aber was ich eigentlich sagen wollte, ist, dass ich mich eines Tages in gleißendes Licht verwandeln werde ...« Oder Sie finden, dass es zum Thema Schwimmen eigentlich gar nichts zu sagen gibt, beginnen und erinnern sich plötzlich daran, wie Sie als Kind mit ihrem Vater ins Kino gegangen sind, bewundernd auf die Leinwand gestarrt und Ihre buttertriefenden Finger in die Popcorn-Tüte gesteckt haben.

Die meisten Leute sind bei ihrem ersten Marathon nervös. Sie fürchten, nichts zu sagen zu haben oder die vier Stunden nicht durchhalten zu können. Sie sind am Ende regelmäßig überrascht, wie rasch die Zeit umgegangen ist: »Ich hätte den ganzen Tag schreiben können!« Bei einem einwöchigen Workshop an der Universität von Minnesota veranstaltete ich schon am ersten Morgen einen Marathon. Anfangs waren meine zwölf Studenten ganz und gar nicht begeistert davon; ich musste mir einige spöttische Bemerkungen anhören. Als wir durch waren, sagte einer: »Kommt, gehen wir was essen und machen am Nachmittag den nächsten Marathon.« Die ganze Woche über arbeiteten wir auf diese Weise. Wir probierten Schreibrunden von zehn Uhr abends bis ein Uhr in der Nacht oder auch von sieben Uhr morgens bis zwölf Uhr mittags.

In dieser Woche zog jemand »Deine erste sexuelle Erfahrung« aus dem Kasten. Dieses Thema fesselte eine Frau so sehr, dass sie in der kompletten Woche über nichts anderes schrieb. Sie erzählte von ihrer ersten Erfahrung, ihrer zweiten, ihrer dritten und so weiter. Wahrscheinlich lebt sie immer noch in Hill City, Minnesota, sitzt nun in der Rainbow Tavern und schreibt über ihre siebenhundertachte sexuelle Erfahrung. Die High School-Schüler spielen Pool, und sie bestellt eine Cola nach der anderen, damit sie ihren Platz nicht verlassen muss. Sie hat keine Ahnung, ob es Tag oder Nacht ist, denn ihre Hand gleitet unentwegt über das Papier. Jetzt kann es nicht mehr lange dauern, bis sie ihre Erleuchtung erfährt, und wir fragen uns: »Wird sie jemals zurückkehren, wird sie jemals zurückkehren ...?«

Schreibmarathons sind Öffnungsprozesse. Direkt danach fühlt man sich nackt, verletzlich, außer Kontrolle. Ich bin manchmal etwas wütend, obwohl ich nicht weiß, warum. Es ist, als ob irgendwas ein großes Loch in die Selbstverteidigung gerissen hätte und man sich plötzlich schutzlos zu erkennen gibt. Nach einem Marathon versucht man, sich mit den anderen Teilnehmern ganz normal über Belangloses zu unterhalten, über das Wetter oder wie toll es ist, Schriftsteller zu sein, aber man fühlt sich, als ob man soeben das Gesicht verloren hat. Keine Sorge - das Gefühl geht vorbei, und Sie werden wieder genauso wachsam und unbeweglich sein wie zuvor.

Es ist wichtig, sich danach mindestens eine halbe Stunde zurückzuziehen. Etwas Konkretes zu tun, sich körperlich zu betätigen, ist hilfreich. Nach einem Marathon werde ich plötzlich zur begeisterten Geschirrspülerin, oder ich pflanze wie von Sinnen zwölf Extra-Reihen Bohnen, wo eigentlich nur Gras gesät werden sollte. Erst letzte Woche hatte ich einen Marathon bei mir zu Hause; der letzte

Teilnehmer war noch nicht durch die Tür, als ich bereits den Staubsauger rausgeholt und wie besessen alle Teppiche gesaugt hatte.

Das Gefühl der Nacktheit nach einem Marathon ist dasselbe, das ich oft nach einem *Sesshin*, einer mehrtägigen Meditation, empfunden habe. Nach sieben Tagen sitzender Meditation verbeugen wir uns ein letztes Mal vor Buddha und den anderen Zen-Schülern, danach gibt es Tee und Kuchen in einem anderen Raum. Nach den langen Schweigeperioden während der Meditation dürfen wir endlich wieder miteinander reden. Aber ich würde mir am liebsten jedes Mal den Kuchen ins Gesicht schmieren, damit mich niemand mehr erkennt. Einmal besuchte mich eine Freundin direkt nach einem Sesshin; wir saßen auf der Veranda und sie sagte: »Weißt du, es kommt mir vor, als ob ich neben einem kubistischen Frauenportrait von Picasso sitze - all deine Dimensionen treten gleichzeitig zutage.«

Wenn ich mehrere Stunden allein geschrieben habe, fühle ich mich ähnlich. Machen Sie sich keine Gedanken. Wir sind es nicht gewohnt, uns derart zu öffnen. Es ist eine schöne Sache, akzeptieren Sie es. Sie befinden sich in einem positiven Zustand.

# Sie sind gut

In Schreibgruppen stoße ich immer wieder auf ein seltsames Phänomen. Jemand schreibt etwas Außergewöhnliches und hat keine Ahnung, was er da vollbracht hat. Wie entzückt ich mich auch äußern mag oder wie viel positives Feedback von den anderen Teilnehmern kommt - der Autor kann die Tatsache, dass er etwas Fantastisches geschaffen hat, einfach nicht akzeptieren. Oh, er streitet es nicht ab: Er sitzt einfach nur verwirrt da, und später erfahre ich dann von anderen, dass er kein Wort von dem, was über seinen Text gesagt wurde, geglaubt hat. Seit vielen Jahren schon fällt mir dieses Phänomen auf; es ist keinesfalls so, als ob es sich dabei nur um einige wenige unsichere Personen handelt, die sich ihrer Begabung nicht bewusst sind.

Es fällt uns schwer, mit der zuversichtlichen Schreibstimme, die in uns allen steckt, Kontakt aufzunehmen. Und wenn wir es doch tun, glauben wir nicht daran. Ich will nicht behaupten, dass in jedem ein kleiner Shakespeare steckt, wohl aber eine ganz eigene Stimme, die das Leben wahrhaftig und detailliert beschreiben kann. Es scheint eine Kluft zu bestehen zwischen der großartigen Arbeit, zu der wir fähig sind, und der Art, wie wir uns selbst - und eben jene Arbeit - sehen.

Vor etwa sechs Jahren wurde mir dies zum ersten Mal wirklich bewusst. Ich leitete eine achtwöchige Schreibgruppe für das Minnesota Zen Center. Wir waren zwölf und schrieben fünfzehn Minuten lang in kindlichen, schlichten Sätzen über unsere Familie - so lautete die Aufgabe. Als die Zeit um war, lasen wir das Geschriebene vor. Ich war die letzte. Das Stück, das ich später abtippte und »Der langsame Blick auf die sich drehende Welt« nannte, handelte von meiner Großmutter, und ich erzählte, wie sie Wasser trank, die Kinder aufzog und die Welt ohne Socken, Salami und Salz verließ.

Nachdem ich geendet hatte, herrschte eine lange Weile Schweigen. Als Lehrer zielt alles, was ich sage, darauf ab, meinen Schülern das Vertrauen in ihre eigene Stimme beizubringen. Ich versuche es mit verschiedenen Methoden und Tricks. Wenn sie den Durchbruch einmal erfahren haben, muss ich das neugefundene Talent nur noch ein wenig in Form bringen - doch der Stein ist bereits ins Rollen gebracht. Nach dem Vorlesen in dieser Schreibgruppe fühlte ich mich glücklich und zufrieden; jeder meiner Schüler hatte den inneren Widerstand durchbrochen und ein echtes, glaubwürdiges, eigenes Stück selbst empfundener Gefühle geschrieben. Es gab nichts mehr, was ich noch sagen konnte.

Als ich mich plötzlich im Raum umsah, stellte ich fest, dass alle Schüler mich neugierig beobachteten und anscheinend auf eine neue Übung warteten. Ich war vollkommen verblüfft, als ich erkannte, dass keiner von ihnen eine Ahnung von der Qualität seines Textes zu haben schien. Als ich sie danach fragte, sahen sie mich nur weiterhin schweigend an.

Aber diese Ignoranz des eigenen Könnens ist nicht nur bei Schreibanfängern zu finden. Da ist zum Beispiel eine Dichterin, die ich »Darling of Minnesota« nenne. Sie ist sehr gut und ausgesprochen beliebt. Sie schreibt über ihr Leben, ihren Vater, der Priester ist, ihre sieben Söhne, den Frühstückstisch. Auf ihrer letzten Lesung waren nicht nur die Sitz-, sondern auch die Stehplätze ausverkauft. Sie erzählte mir später, dass die Begeisterung der Zuschauer sie vollkommen deprimiert hatte. »Da hatte ich also wieder eine Menge Menschen mit meiner Arbeit getäuscht.«

Ein weiteres Beispiel ist eine Schriftstellerin, die an einer meiner Sonntagabend-Gruppen teilnahm. Sie war Romanautorin, Redakteurin eines Stadtmagazins und hatte zwei sehr erfolgreiche Stücke geschrieben; eines davon wurde von den Kritikern der *Minneapolis Tribune* zum Favoriten erklärt. Während der zeitlich begrenzten Schreibsessions in unserer Gruppe verfasste sie einige außergewöhnliche Texte. Ich war sicher, dass sie sich ihres Talents bewusst war -

schließlich war sie eine erfahrene Autorin. Als ich später eine Bemerkung zu einem ihrer Texte machte, war sie erstaunt darüber, dass ich ihn gut fand (»gut« war nicht einmal ausreichend dafür). Und ich war überrascht, dass sie es selbst nicht erkannte. All ihre professionellen Texte hatten von anderen Dingen als von ihren eigenen Erfahrungen gehandelt. »Bei dieser Art zu schreiben ist man ganz man selbst«, sagte sie. Daher hätte sie es nicht erkennen können.

Katagiri Roshi sagte mir einmal: »Wir sind alle Buddha. Ich erkenne Buddha in dir. Du glaubst mir nicht. Wenn du erkennst, dass du Buddha bist, wirst du erweckt sein. Das ist, was mit Erleuchtung gemeint ist.« Es fällt uns sehr schwer, unser eigenes Leben zu verstehen und zu bewerten. Es ist viel leichter, Dinge zu betrachten und zu begreifen, die sich um uns herum befinden. Wenn wir lernen, zu unserer Arbeit zu stehen und ihren Wert zu erkennen, beginnen wir eine Brücke über die Kluft zwischen unserer wahren Natur und unserer bewussten Wahrnehmung zu schlagen. Wir lernen, uns als jene großartigen, kreativen Menschen zu sehen, die wir in diesem Moment sind. Gelegentlich gelingt es uns mit einem Blick auf die Vergangenheit: »Ja, stimmt, damals war ich gut.« Aber es betrifft eben die Vergangenheit. Wir hinken der Gegenwart hinterher.

Ich will damit nicht sagen, wir sollten alle Angeber werden. Aber wir sollten erkennen, dass wir in unserem Inneren Gutes bereithalten, das wir nach draußen transportieren können. Diese Verbindung zwischen innerem Reichtum, unserer Selbstwahrnehmung und unserer Arbeit führt zu tiefem Frieden und Selbstvertrauen, das für die meisten Künstler schwer zu erreichen ist. Es bedeutet nicht »Die Arbeit ist schlecht und wir sind auch schlecht« oder »Die Arbeit ist gut, aber wir sind schlecht« oder auch »Die Arbeit ist schlecht und wir sind gut«. Es muss heißen: »Wir sind gut und daher in der Lage, den Widerstand zu durchbrechen, der uns an der Würdigung unserer Arbeit hindert.« Es ist nicht so wichtig, dass unsere Umwelt unsere Arbeit würdigt, sondern dass wir es selbst tun. Das gibt uns Zufriedenheit. Wir sind gut und unsere Arbeit ist es auch.

## Vertraue dir

Am Dienstag ging ich mit den Schülern in meinem Kurs zwei Seiten aus einem Tagebuch durch. Aus *meinem* Tagebuch, um es genau zu sagen. Ich hatte diese Seiten ausgewählt, weil ich vor ein paar Monaten ein Gedicht daraus entnommen hatte. Kein großartiges Gedicht. Ein stilles Gedicht. Solche Gedichte sind schwer zu finden; sie sind wie ein unterschwelliges Summen, das den Leser in eine andere Welt entführen kann. Ich hatte eine Woche zuvor Kopien der Seiten an meine Schüler verteilt und sie gebeten, das Gedicht darin zu suchen. Wenn sie nichts finden konnten, sollten sie es mir ruhig mitteilen: »Nat, das ist doch alles Mist.«

Fünf oder sechs Schüler meldeten sich freiwillig. Und lieferten mir mindestens vier Varianten. Jemand gab die erste Hälfte des Tagebucheintrags an, andere die Mitte, und einer hatte sich sogar für einen überlappenden Text entschieden, der versehentlich beim Kopieren auf die Zettel geraten war. Aber es gab eine Zeile, die alle eingeschlossen hatten: »Die Hügel von New Mexico sind überall dort, wo du hingehst.« Alle Versionen klangen gut. Keine davon großartig, auch nicht das, was ich ursprünglich gemeint hatte.

Geben Sie hundert Leuten einen Text zu lesen und Sie bekommen möglicherweise hundert verschiedene Meinungen – nicht grundlegend verschieden, aber doch sehr viele Variationen. Und hier ist die Beziehung des Autors zu sich selbst wichtig. Hören Sie auf das, was andere sagen, nehmen Sie andere Meinungen in sich auf. Bleiben Sie für die Außenwelt erreichbar. Dann treffen Sie Ihre eigene Entscheidung. Es ist Ihr Gedicht, Ihre Stimme. Es gibt keine klaren Regeln; es geht um eine Beziehung zu sich selbst. Was ist es, was *Sie* sagen wollten? Was wollten Sie von sich selbst preisgeben? Sich in einem Text zu entblößen bedeutet in gewisser Weise Kontrollverlust. Und das ist gut. Wir haben ohnehin keine Kontrolle. Ihre Mitmenschen sehen Sie, wie Sie sind. Manchmal verraten wir uns selbst, bevor wir begreifen, was wir getan haben. Das ist nicht leicht zu verkraften, aber noch schmerzlicher ist es, zu erstarren und nichts von sich preiszugeben. Ganz abgesehen davon, dass Erstarrung zu scheußlichen Texten führt.

Ein Text lässt sich am besten nach einer gewissen Zeit beurteilen. Wenn Sie sich nicht sicher sind, legen Sie ihn für eine Weile beiseite. Sehen Sie sich nach sechs Monaten an, was Sie geschrieben haben. Dann wird einiges klarer erscheinen. Vielleicht werden Sie feststellen, dass es darin Gedichte gibt, die *Sie* wundervoll finden, die aber niemand anderen interessieren. Ich habe ein Gedicht über ein Fenster geschrieben, von dem jeder, der es hört, sagt, dass es schrecklich sei. Ich halte es für brillant. Wenn ich eines Tages meine Nobelpreis-Rede halten soll, werde ich dieses kleine Juwel ausgraben und Genugtuung erfahren!

Machen Sie sich keine Sorgen, wenn Sie den Text, den Sie zur Seite gelegt haben, sechs Monate später entsetzlich finden. Die guten Teile daraus werden bereits in Ihrem Komposthaufen zersetzt. Es wird etwas Gutes daraus entstehen. Nur Geduld.

## Der Samurai

In meiner Sonntagnacht-Gruppe begann ich im Unterricht, über den Samurai-Teil in uns und in unserer Arbeit zu sprechen. Mir war klar geworden, dass ich mich in meinen Kursen immer sehr positiv und ermutigend gab, weil wir uns alle gemeinsam im kreativen Raum befanden. Die Ermutigung war ehrlich gemeint; sie kam ganz natürlich aus dem unkritischen, offenen Feld der Kreativität. Alles, was man schreibt, ist gut. Manchmal mehr als gut. Das kann man schon an besonders klaren Erstgedanken erkennen. Gelegentlich muss ich mir von meinen Schülern anhören, ich sei nicht kritisch genug - sie würden mir nicht glauben. Dabei begreifen sie nicht, dass wir in verschiedenen Booten sitzen. Ich beschränke mich darauf, die Kreativität zu wecken, während sie eifrig damit beschäftigt sind, Schöpfer und Kritiker durcheinander zu bringen, und mich in diesen Kampf hineinziehen wollen. Ich will mich nicht dort hineinziehen lassen. Es ist ein scheußliches Gefühl.

Aber gestern Abend begannen wir, mit dem Samurai zu arbeiten. Tom brachte einen fertigen, wenn auch nicht überarbeiteten Text mit, den er für alle kopiert hatte. Wir sahen ihn uns an, indem wir zunächst herauszufinden versuchten, worin die Energie steckte. Wir fanden sie hauptsächlich im dritten Absatz. William Carlos Williams sagte einmal zu Allen Ginsberg: »Wenn nur eine Zeile eines Gedichtes Energie besitzt, dann streiche den Rest und lass nur diese eine Zeile stehen.« Diese eine Zeile ist das Gedicht. Poesie ist der Träger des Lebens, die Schlagader der Vitalität. Jede Zeile sollte leben, diese Zeilen lassen Sie stehen; der Rest kann weg.

Die Kursteilnehmer spielten eine Weile mit dem dritten Absatz herum. Nicht allzu lange allerdings. Vielleicht drei Minuten. Das reichte aus. Der dritte Absatz besaß Energie, aber kein echtes Feuer. Tom konnte es besser, viel besser. »Ja, der dritte Absatz hat

Kraft«, sagte ich zu Tom. »Man kann eine Weile damit verbringen. Du könntest ihn kompostieren, so dass in der Zukunft etwas Gutes daraus entsteht, aber auch, wenn du ihn in ein paar Wochen erneut liest, wirst du feststellen, dass kein wirkliches Feuer entfacht werden kann. Wir haben jetzt genug Zeit damit verbracht. Machen wir weiter.« Shirley, die vor kurzem neu zu uns gekommen war, unterbrach: »Moment mal. Was ist der Samurai?« Tom drehte sich zu ihr um und fauchte: »Das ultimative Ende!«

Wenn Sie sich also im Bereich des Samurai befinden, müssen Sie hart sein. Sie sollen nicht kleinlich sein, sondern ehrlich, auch wenn die Wahrheit hart klingt. Doch die Wahrheit kann niemals wirklich verletzen. Sie verleiht der Welt Klarheit und Gedichten Brillanz. Ich habe an Workshops teilgenommen, in denen wir manchmal gute zwanzig Minuten an einem schlechten Gedicht gearbeitet haben, aber das ist lächerlich, weil es sich um reine Zeitverschwendung handelt. Es ist, als ob man ein totes Pferd zum Laufen antreiben wollte. Vertrauen Sie darauf, dass der Autor des Gedichtes andere schreiben wird. Sie müssen nicht fürchten, dass er nie wieder zum Stift greifen wird, nur weil Sie keine einzige gute Zeile in dem schlechten Werk gefunden haben.

Haben Sie Mut zur Aufrichtigkeit. »Ja, da steckt gutes Material drin, aber das reicht nicht.« Und dann ab zum nächsten Gedicht. Es ist eine gute Übung, um das Loslassen zu lernen. Allen Ginsberg fragte seinen Professor, den Literaturkritiker Mark Van Doren, einmal: »Warum äußern Sie sich eigentlich so selten wirklich kritisch?« Seine Antwort: »Warum Energie damit verschwenden, über etwas zu reden, das einem nicht gefällt?«

Während wir schreiben, lichtet sich manchmal der Nebel in unseren Köpfen und plötzlich sehen wir ganz klar – aber daraus entsteht nicht jedes Mal ein guter Text. Nein. Es bedeutet eher, daß wir endlich aufgewacht sind. Aber nur dort, wo sie durch die äußere Form glüht, erkennen wir genau, wo unsere Arbeit voller Lebenskraft steckt. Nur dort, wo sie leuchtet, ist wirklich ein Gedicht oder ein gutes Prosastück entstanden. Und jeder kann den Unterschied heraushören. Etwas, das von der Quelle kommt, wie Erstgedanken, weckt und elektrisiert jeden. In Schreibgruppen wird dies immer wieder deutlich. Wenn jemand ein wahrhaft hervorragendes Stück vorliest, wird jeder Zuhörer unruhig.

Seien Sie ehrlich zu sich selbst; schauen Sie sich Ihre Arbeit so objektiv wie möglich an. Wenn ein Text funktioniert, dann tut er es. Wenn nicht, dann hören Sie auf, ihn wie einen müden Klepper zu prügeln. Schreiben Sie weiter, schreiben Sie etwas anderes. Es gibt genug schlechte Literatur auf der Welt. Schreiben Sie nur eine gute Zeile - dann werden Sie berühmt. Schreiben Sie eine Menge lauwarmer Texte, schläfern Sie Ihre Leser ein.

## Überarbeiten

Lassen Sie etwas Zeit vergehen, bevor Sie Ihren Text erneut lesen. Zeit verschafft Ihnen Distanz und bringt mehr Objektivität. Wenn Sie ein ganzes Spiralbuch vollgeschrieben haben (vielleicht haben Sie einen Monat dazu gebraucht), dann lesen Sie das ganze Buch, als wäre es das eines Fremden. Seien Sie dabei neugierig: »Was will dieses Gedicht sagen?« Setzen Sie sich und machen Sie es sich bequem, als hätten Sie sich einen guten Roman vorgenommen. Lesen Sie Seite für Seite. Selbst wenn Sie es beim Schreiben langweilig fanden, werden Sie nun Beschaffenheit und Rhythmus erkennen.

Wenn ich meine Notizhefte lese, wird mir immer wieder bewusst, dass ich ein eigenes Leben habe - ein Leben, das ich empfunden, gedacht, gesehen habe. Das ist eine sehr positive Erfahrung, weil uns das Schreiben manchmal sinnlos, wie eine Zeitverschwendung erscheint. Plötzlich sitzen Sie dort in Ihrem Sessel und sind fasziniert von Ihrem eigenen kleinen Leben! Das ist das Großartige an der Kunst: Sie macht das Gewöhnliche außergewöhnlich. Wir machen uns das Leben, das wir führen, bewusst.

Aber noch etwas anderes wird deutlich, wenn Sie ganze Notizbücher erneut lesen: Sie begreifen, wie Ihr Geist arbeitet. Sie werden erkennen, an welchen Stellen Sie das Thema hätten vertiefen können, es aber aus Furcht oder Faulheit nicht getan haben. Sie werden erkennen, wo Sie wirklich langweilig geschrieben haben und wo Sie in Ihren Texten nur jammern, was Sie immer tiefer in eine Sackgasse führt. »Ich hasse mein Leben. Ich bin dick, doof und hässlich. Ich wünschte, ich hätte mehr Geld ...« Wenn Sie genug davon gelesen haben, werden Sie lernen, sich schnell von Ihrem Selbstmitleid ab- und anderen Themen zuzuwenden.

Oft wissen Sie während Ihrer Schreibübungen nicht, ob Sie etwas Gutes geschrieben haben oder nicht. Manchmal entdecke ich

Gedichte in meinem Notizbuch, von denen ich nicht mehr weiß, dass ich sie geschrieben habe. Wir sind uns nicht immer bewusst, was wir schreiben. An einem Tag, an dem mir meine Arbeit langweilig vorkommt, kann ich durchaus ein gutes Gedicht schreiben, das ich erst einen Monat später entdecke, wenn ich meine Texte noch einmal lese.

Ich weiß noch, dass ich in meinem Arbeitszimmer saß und mich einfach nur wohlfühlte. Ich fragte mich mehrfach: »Wieso bist du heute bloß so zufrieden? Du hast seit Tagen nichts Gutes geschrieben.« Vier Tage später forderte mich eine rebellische Schülerin in einer Tagebuch-Schreibgruppe heraus, ich solle beweisen, dass auch ich »einen Haufen Schrott« schreibe. Ich dachte an das, was ich an jenem Tag in meinem Arbeitszimmer geschrieben hatte, und glaubte, das sei ein überzeugendes Beispiel. Ich schlug die betreffende Seite auf und begann zu lesen. Zu meinem Erstaunen handelte es sich um einen bewegenden Text über das Verstreichen der Zeit und die Menschen in meinem Leben, die durch Tod oder Umzug von mir gegangen waren. Es war, als würde meine Stimme sich während des Lesens dem Publikum und mir erschließen. Ich war ganz erstaunt.

An jenem Tag in meinem Arbeitszimmer hatte mein Bewusstsein nicht erkannt, dass ich etwas Gutes schrieb. Während meine Gedanken wie ein Schwarm Mücken herumschwirrten, war meine Hand damit beschäftigt gewesen, ursprüngliche Gedanken festzuhalten und einen hellwachen Text zu verfassen. So etwas kommt vor. Ein Teil von uns kann durch eine Wolke sirrender Mücken hindurch zu einem Ort der Klarheit gelangen. Wir können das ständige negative Geschwätz unseres inneren Kritikers ignorieren und uns schreibend darüber hinwegsetzen, auch wenn unser Bewusstsein es nicht deutlich wahrnimmt. Doch an diesem Tag in meinem Arbeitszimmer muss ich es irgendwie in mir gespürt haben, denn ich summte die ganze Zeit zufrieden vor mich hin. Es ist ein bisschen wie wenn eine Mutter ihre Erziehungsmethoden ständig selbst kritisiert, obwohl ihre Kinder einen ausgesprochen glücklichen, selbstbewussten Eindruck machen. Sie leistet gute Arbeit. Nur dass die Mutter (Ihre kritischen Gedanken) und die lieben Kinder (Ihre Kreativität) in Ihnen sind und beide gleichzeitig wirken. Das ununterbrochene Weiterschreiben - trotz abschweifender Gedanken - ist die Übung. Wenn Sie einen Monat später nachlesen, was Sie geschrieben haben, werden Sie das Gute bewusst wahrnehmen. Ihr bewusstes und unbewusstes Ich treffen sich, erkennen sich und werden eins. Das ist Kunst.

Markieren Sie beim Lesen die gelungenen Passagen. Oft sind sie deutlich erkennbar. Sie können diese Passagen als Basis für neue Arbeiten verwenden oder sie sind für sich allein schon vollständige Gedichte. Tippen Sie diese guten Stücke noch einmal ab. Wenn Sie sie für sich, getrennt vom übrigen Text sehen, zeigt sich, ob sie gut genug sind oder nicht. Streichen Sie die Sätze heraus, die unklar erscheinen, weil Ihr Kopf gerade nicht wirklich bei der Sache war. Verändern Sie keine Worte, denn Sie sollen bei dieser Übung das Vertrauen in Ihre Stimme vertiefen. Wenn Sie beim Schreiben wirklich ganz dabei waren, wird der Text stimmig sein. Es ist unnötig, unserem Ich zu erlauben, Wörter zu manipulieren, damit die Sätze besser werden oder so klingen, wie wir erscheinen möchten: zufrieden, glücklich und über den Dingen stehend. Was wir anstreben, ist Schreiben pur. Es ist eine Gelegenheit, uns selbst zu erkennen und uns ohne Aggression und Manipulation als das, was wir wirklich sind, zu offenbaren. »Ich bin unglücklich« - versuchen Sie nicht, diese Aussage zu verschleiern. Akzeptieren Sie sie, ohne darüber zu urteilen, wenn es das war, was Sie wirklich gefühlt haben.

Natürlich sollte es Raum für ein Überarbeiten geben, aber oft verbinden wir mit dem Begriff Lektorieren etwa dies: »Okay, meine schöpferische Hälfte hat sich ausgetobt, jetzt muss ich wohl zu dem konventionellen, rationalen Geisteszustand zurückkehren und etwas Ordnung in meinen Text bringen.« Wir holen den kleinen Literaturprofessor im Tweedanzug hervor, der alles kritisiert und nichts stehen lässt, wie es war. Tun Sie das nicht. Dieser Professor ist nur eine weitere Tarnung Ihres Egos, das unbedingt die Kontrolle zurückerlangen will. Sie sollten diesem Ego bei Ihrer Arbeit keine Chance geben, zu manipulieren und zu kritisieren. Verwandeln Sie sich beim Lesen Ihrer Arbeit in einen Samurai und kürzen Sie mit dem Mut eines großen Kriegers alles heraus, was nicht wirklich lebendig und wach klingt. Wie ein ungerührter Samurai, der mit leerem Geist gnadenlos seinen Gegner zerteilt, sollten auch Sie entschlossen an Ihre Arbeit herangehen. Betrachten Sie sie mit kühlem, durchdringendem Blick. Es ist ganz natürlich, dass Sie sich einmischen wollen und pingelig an einzelnen Passagen herumkritteln, und deshalb geben Sie Ihrem Ego etwas anderes zu tun. Lassen Sie es Ihre Arbeit abschreiben, die Briefumschläge adressieren, die Briefmarken anlecken. Hauptsache, es lässt die Finger von Ihren Texten.

Betrachten Sie das Überarbeiten Ihrer Texte als eine Möglichkeit, sie neu wahrzunehmen. Wenn Sie auf Passagen stoßen, die zu vage oder zu verschwommen sind, können Sie noch Details einfügen, die Ihren Text dem Bild in Ihrer Vorstellung näher bringen. Sie können dem Originaltext eine zweite, dritte und auch eine vierte Version, die Sie mit einem Zeitlimit geschrieben haben, gegenüberstellen und diese Texte schließlich zu einem Ganzen zusammenfügen.

Ein Beispiel: Sie haben in einem bestimmten Zeitlimit über *Pastrami* geschrieben. Die erste Version ist gut, aber Sie wissen, dass Sie dazu noch viel mehr zu sagen hätten. Schreiben Sie also in den nächsten Tagen immer wieder über das Thema Pastrami, wobei Sie sich jedes Mal dasselbe Zeitlimit setzen. Machen Sie sich keine Sorgen, dass Sie sich wiederholen könnten. Anschließend lesen Sie alle Texte noch einmal, dann wählen Sie von allen Versionen die guten Passagen aus und fügen sie zu einem neuen Text zusammen. Es ist beinahe wie eine Collage: Sie schneiden die Stellen heraus, die Ihnen gefallen, und kleben daraus ein gelungenes Bild.

Sie können also auch bei der Überarbeitung die Regeln des Schreibens nach der Uhr anwenden. Es macht den Wiedereinstieg in Themen, die Sie bereits bearbeitet haben, viel einfacher. Der Versuch, wieder mit Erstgedanken Kontakt aufzunehmen, ist effektiver, als im Mückenschwarm Ihrer abschweifenden Gedanken zu stehen und nach ihnen zu schlagen, bevor sie zustechen und Blut saugen können. Bei dieser Überarbeitungsmethode können Sie Ihr Ego sogar während des Lektorierens umgehen. Und sie kann für Kurzgeschichten, Essays und Romankapitel verwendet werden. Eine Freundin, die gerade einen Roman beendet hat, erzählte mir, wie sie vorgeht, wenn sie ein Kapitel neu schreiben müsste. »Okay«, sagt sie sich. »Dieses Kapitel braucht diese und jene Elemente, es muss beim Gemüsehändler anfangen und auf dem Friedhof enden. Los. Du hast eine Stunde Zeit.« Anschließend würde sie die gelungenen Passagen aus den neugeschriebenen Kapiteln herausnehmen und in die Originalkapitel einfügen, um sie zu verbessern und zu bereichern.

Manchmal liest man Seite um Seite in seinem Notizbuch und findet nur zwei oder drei gute Zeilen. Lassen Sie sich davon nicht entmutigen. Denken Sie immer an eine Fußballmannschaft, die für einige wenige Spiele viele Stunden vorher trainiert. Unterstreichen Sie die guten Sätze. Setzen Sie sie auf Ihre Themenliste und verwenden Sie bei Ihrem nächsten Schreibtraining die eine oder andere als Anfangszeile. Durch das Unterstreichen prägen sich diese Zeilen zusätzlich ein, so dass Sie sie anschließend oft unbewusst verwenden werden. Irgendwann fügen sich diese von einander unabhängigen Passagen dann zusammen, und Sie werden über das Ergebnis staunen.

## Ich will nicht sterben

Suzuki Roshi gründete das Zen Center in San Francisco und ist Autor vieler Bücher, unter anderem von *Zen Mind, Beginner's Mind.* Er muss ein großer Meister gewesen sein. 1971 starb er an Krebs. Wenn Zen-Meister sterben, erwartet man, dass sie mit dem Wissen, nun ins Große Nichts einzutreten, etwas sehr Inspirierendes sagen werden, etwas wie: »Hi-ho, Silver!« oder »Vergesst nicht, aufzuwachen!« oder »Das Leben währt ewig!« Kurz bevor Suzuki Roshi starb, bekam er Besuch von Katagiri Roshi, seinem alten Freund. Katagiri stellte sich neben das Bett, Suzuki schaute auf und sagte: »Ich will nicht sterben.« Ganz einfach. Er war, was er war, und sagte, was er in diesem Moment empfand. Katagiri Roshi verbeugte sich. »Ich danke Ihnen für Ihre große Mühe.«

Katagiri Roshi sagte einmal, dass ein spiritueller Mensch, der vor einem großen Kunstwerk steht, Frieden empfindet. Wenn ein Künstler ein Meisterwerk sieht, weckt es in ihm den Wunsch, ebenfalls eines zu erschaffen. Ein Künstler strahlt Vitalität aus, ein spiritueller Mensch Frieden. Aber die Quelle seines inneren Friedens, so Katagiri Roshi, ist eine außerordentliche Lebendigkeit und Spontaneität, die ihn zum Handeln im Augenblick inspiriert. Und ein Künstler, der Vitalität und Energie durch seine Arbeit vermittelt, muss als Basis in sich einen Ort des tiefen Friedens besitzen, wenn er nicht ausbrennen will. Leider findet man nur allzu viele Beispiele für Künstler, die sich durch Alkohol, Wahnsinn oder Selbstmord vernichtet haben.

Darum muss, während wir schreiben, das verzehrende brennende Leben, das wir in unserer Arbeit ausdrücken wollen, in einem Ort des Friedens entstehen. Das wird uns helfen, sitzen zu bleiben und eine Geschichte zu beenden, statt mittendrin spannungsgeladen aufzuspringen und nicht mehr zum Schreibtisch zurückzukehren, um sie zu beenden. Etwas in uns muss sich die Fähigkeit bewahren, mit einfachen Worten auszudrücken, was wir empfinden – wie »Ich will nicht sterben« im Augenblick des Todes. Nicht im Zorn, mit Selbstvorwürfen oder Selbstmitleid, sondern weil wir die Wahrheit ertragen und akzeptieren, was wir sind. Wenn wir in unserer Arbeit diesen Zustand erreichen, wird uns das als Schriftsteller voranbringen. Und obwohl wir vielleicht lieber in den Bergen Tibets statt an unserem Schreibtisch in Newark wären und obwohl der Tod hinter uns lauert und das Leben vor uns tobt, können wir einfach anfangen zu schreiben – ganz einfach anfangen zu schreiben, was wir zu sagen haben.

# Epilog

Sonntagabend um elf Uhr schrieb ich den letzten Satz. »Nat, ich glaube, das Buch ist fertig«, sagte ich zu mir. Ich stand auf und war ziemlich wütend. Ich fühlte mich benutzt. (»Von der Muse ausgenutzt«, wie meine Freundin Miriam es später nannte.) Plötzlich hatte ich keine Ahnung mehr, worum es in meinem Buch eigentlich ging; es hatte überhaupt nichts mit meinem Leben zu tun. Es würde mir weder einen Lover suchen noch morgens meine Zähne putzen. Ich badete, stieg aus der Wanne, zog mich an und wanderte durch die Nacht bis zum Lone-Wolfe-Café in Santa Fé. Ich bestellte ein Glas Weißwein und zwei Kugeln Toffee-Eis. Ich sah jeden an, sprach mit niemandem und grinste die ganze Zeit: »Ich habe ein Buch geschrieben. Vielleicht kann ich bald wieder zu einem menschlichen Wesen werden.« Erleichtert und glücklich kehrte ich nach Hause zurück. Am nächsten Morgen brach ich in Tränen aus. Am Nachmittag fühlte ich mich wundervoll.

Am Dienstagmorgen erzählte ich meiner Schreibklasse: »Ich habe eineinhalb Jahre gebraucht, um das Buch zu schreiben. Mindestens die Hälfte der Kapitel habe ich in einem Stück ohne Änderungen zu Papier gebracht. Das Schreiben selbst war kaum ein Problem, aber es war sehr schwer, die lähmende Angst vor dem Erfolg, vor dem Misserfolg zu überwinden, um ungehindert loslegen zu können.« In den letzten eineinhalb Monaten schrieb ich sieben Tage die Woche. Ich beendete ein Kapitel und begann das nächste. Ganz einfach. Ich verschloss meine Ohren vor den Stimmen in mir, die nach Häagen Dazs-Eis, nach Freunden, nach Tagträumereien schrien.

Alles, was wir ganz und gar, mit Haut und Haaren tun, wird zu einer einsamen Reise. Wie sehr sich Ihre Freunde auch für Sie freuen, wie sehr Ihre Freunde Sie auch unterstützen – Sie dürfen nicht erwarten, dass irgend jemand die Intensität Ihrer Emotionen teilen oder nachempfinden kann, was Sie gerade durchmachen oder durchgemacht haben. Wenn Sie ein Buch schreiben, sind Sie allein. Das ist so, aber nehmen Sie jede Hilfe und Unterstützung an, die man Ihnen entgegenbringt, ohne Erwartungen und Ansprüche, wie diese Unterstützung aussehen sollte.

Es ist wichtig, sich darüber klar zu sein. Wir stellen uns vor, dass Erfolg glücklich macht. Erfolg kann aber auch Einsamkeit, Isolation und Enttäuschung bedeuten. Erlauben Sie sich genügend Abstand, um zu fühlen, was immer Sie fühlen, und schränken Sie nicht die Vielfalt Ihrer Emotionen ein. Katagiri Roshi sagte mir: »Schön, dass dein Buch veröffentlicht werden soll. Aber schenke dem nicht zu viel Aufmerksamkeit, sonst wird es dich aus der Bahn werfen. Schreib einfach weiter.« Vor zwei Tagen erklärte ich meinem Vater, ich würde mich vom Empire State Building stürzen. »Musst du dir gleich ein so hohes Gebäude aussuchen?«, fragte er. Und ich sage mir: »Natalie, dieses Buch ist fertig. Du wirst ein anderes schreiben.«

## Danksagung

*Ich danke Wendy Feldman für das Abtippen meines Manuskriptes, Rob Strell für seine nie nachlassende Unterstützung und für seine Freundlichkeit, mir im Institut Raum zum Schreiben zur Verfügung zu stellen, Cecile Moochnek, die mir seit der ersten Schreibgruppe treu geblieben ist, Miriam Sagan, die das Buch gelesen hat, Beverly Baranowski, die extra für einen Tag per Flugzeug angereist kam, als das Manuskript fertig war, Katagiri Roshi für seine kontinuierliche Unterweisung und alles, was er mir beigebracht hat, meinem Agenten Jonathon Lazear und Emily Hilburn Sell, meiner Lektorin.*

## Quellen

Die Übersetzungen der Text- und Gedichtauszüge in diesem Buch basieren auf folgenden Ausgaben:

William Carlos Williams, *The Collected Earlier Poems* (New York, New Directions, 1938)

Ernest Hemingway, *A Moveable Feast* (New York: Charles Scribner's Sons, 1964)

Cesar Vallejo, »Black Stone Lying on a White Stone«, aus *Neruda and Vallejo*, herausgegeben von Robert Bly (Boston: Beacon Press, 1971)

Marisha Chamberlain (Hrsg.), *Shout, Applaud* (St. Paul, Minn.: COMPAS, 1976)

Russell Edson, *With Sincerest Regrets* (Providence, R.I.: Burning Deck, 1980). Mit Erlaubnis des Verlags nachgedruckt.

William Blake, »The Auguries of Innocence«, aus *The Norton Antology of Poetry* (New York: W.W. Norton, 1970)

Interview mit Allen Ginsberg und Robert Duncan, *Allen Verbatim*, herausgegeben von Gordon Ball (New York: McGraw-Hill)

Gedichte von Carolyn Forché, »Dawn on The Harpeth«, unveröffentlichte Gedichte. Abdruck mit Erlaubnis der Autorin.

Richard Hugo, *What Thou Lovest Well, Remains American* (New York: W.W. Norton, 1975)

Von Kate Green, »Journal: July 16, 1981«, aus *If the World Is Running Out* (Minnesota: Holy Cow! Press, 1983). Nachdruck mit Erlaubnis der Autorin und des Verlags.

Anne Sexton, »Angel of Beach Houses and Picnics«, aus *The Book of Folly* (Boston: Houghton Mifflin, 1972)

Gedichte von Shiki und Issa aus *Haiku: Eastern Culture*, ins Englische übertragen von R.H. Blyth (Tokyo: Hokuseido Press, 1981)